应急物流供应链研究

刘津平 孙 奎 张立华 ◎ 著

吉林出版集团股份有限公司

图书在版编目（CIP）数据

应急物流供应链研究 / 刘津平，孙奎，张立华著． — 长春：吉林出版集团股份有限公司，2024.6
ISBN 978-7-5731-5081-3

Ⅰ．①应… Ⅱ．①刘… ②孙… ③张… Ⅲ．①危机管理—物流管理—供应链管理—研究 Ⅳ．①F252.1

中国国家版本馆CIP数据核字（2024）第110864号

应急物流供应链研究

YINGJI WULIU GONGYINGLIAN YANJIU

著　　者	刘津平　孙　奎　张立华
责任编辑	赵利娟
封面设计	林　吉
开　　本	710mm×1000mm　1/16
字　　数	163千
印　　张	15.75
版　　次	2024年6月第1版
印　　次	2024年6月第1次印刷
出版发行	吉林出版集团股份有限公司
电　　话	总编办：010-63109269
	发行部：010-63109269
印　　刷	廊坊市广阳区九洲印刷厂

ISBN 978-7-5731-5081-3　　　　　　　　　　　定价：78.00元

版权所有　　侵权必究

前　言

在现代社会中，应急物流供应链的研究越来越受到重视。无论是在自然灾害、公共卫生危机还是其他紧急情况下，应急物流供应链都是保证物资和资源能够及时、有效地分配到需要的地方，保障人民生命财产安全的关键。然而，应急物流供应链的设计和优化面临着许多挑战，如需求的不确定性、物流网络的复杂性、物流资源的有限性。

在本书中，我们将从应急物流供应链的角度出发，探讨包括应急物流概述、应急物流系统、应急物资管理，以及供应链视角下的应急物流和各类突发公共事件中的应急物流管理方面的内容。我们将结合理论研究和实践案例，对应急物流供应链进行全面的分析和研究，以期为应急物流供应链的设计和优化提供理论支持和实践指导。

本书的读者对象主要包括物流管理、供应链管理、应急管理等相关领域的从业人员和学者，以及对应急物流供应链感兴趣的一般读者。希望本书能够为读者提供应急物流供应链的全面认识和理解，并为读者在应急物流供应链的设计和优化方面提供有益的启示和借鉴。

刘津平　孙　奎　张立华
2024 年 1 月

目 录

第一章 应急物流概述 ... 1
第一节 突发事件概述 ... 1
第二节 应急物流的概念 ... 13
第三节 四种基本类型的应急物流 ... 28

第二章 应急物流系统 ... 49
第一节 应急物流系统的设计 ... 49
第二节 应急供应链系统的构建 ... 56
第三节 应急物流子系统 ... 69

第三章 应急物资管理 ... 91
第一节 应急物资的发放需求预测 ... 91
第二节 应急物资的采购管理 ... 100
第三节 应急物资的库存管理策略 ... 112
第四节 应急仓库的选址及决策 ... 128

第四章 供应链视角下的应急物流 ... 140
第一节 应急供应链的重要性 ... 140
第二节 应急物流供应链的结构设计 ... 154
第三节 应急供应链的快速响应机制 ... 179

第五章　各类突发公共事件中的应急物流管理 182
　　第一节　突发公共卫生事件的应急物流管理 182
　　第二节　突发自然灾害下的应急物流管理 208
参考文献 243

第一章 应急物流概述

自 2003 年传染性非典型肺炎（又称严重急性呼吸综合征，Severe Acute Respiratory Syndrome，简称 SARS）疫情暴发以来，我国对突发事件的应对能力受到了广泛关注。特别是在 2020 年新冠疫情期间，应急物流的重要性进一步凸显。作为一个自然灾害高发国家，我国在公共卫生设施和国家突发事件处理经验方面也有许多待改进之处。

第一节 突发事件概述

一、突发事件的概念

突发事件，作为一个约定俗成的概念，不同于个人生活中的小事件。它是指在预料之外、突然发生的重大事件，可能对社会局部甚至整体产生重大影响。如 2011 年日本东北地区发生的 9 级地震并引发海啸，以及 2013 年在我国雅安地区发生的地震等，这些都是典型的突发事件。

在学术研究中，突发事件指的是对社会产生重大影响的事件，如《国家突发公共事件总体应急预案》所定义。该预案对突发事件的界定是：突然发生，造成或可能造成重大人员伤亡、财产损失、生态环境破坏和严重社会危害，危及公共安全的紧急事件。

为了更深刻地理解突发事件的含义，我们可以分析与突发事件相近或相似的概念，如紧急事件、危机事件、灾害事件等。这些概念与突发事件有一定的共性，但又有明显的差异。例如，紧急事件强调时间的紧迫性，危机事件强调事件的严重性和应对的困难性，灾害事件则强调自然灾害或人为灾害的影响。

此外，我们可以通过对比这些概念，进一步了解突发事件的特征和范畴。例如，自然灾害如地震、洪水等，以及人为灾害如火灾、化学泄漏等，都属于突发事件。而日常生活中的小故障或问题，如交通拥堵、物品丢失等，虽然也会给人带来困扰，但它们不属于突发事件。

1. 紧急事件（Emergency Events）

在翻译突发事件的英文表述时，我国学者通常采用"Emergency vents"。然而，我们需要认识到以下几点：

首先，英文中的"Emergency"一词往往不具备突发事件所体现的大规模、严重影响的特性。它更多的是指个体、家庭或其他较小单位面临的即时性问题。这可能是突发事件与紧急事件之间的区别之一。

其次，突发事件的内涵和外延比紧急事件狭窄。突发事件属于紧急事件，但紧急事件并非都是突发事件。这意味着，紧急事件可以包括更多的范畴，而突发事件强调事件发生的突然性。

最后，突发事件和紧急事件的要素虽然相同，但侧重点不同。突发事件强调事件在时间上的突然性，紧急事件则关注主体应对事件的反应时间上的紧迫性。紧急性通常与事件发生形式的突然性、主体反应时间的有限性，以及需要立即采取行动的特性密切相关。

以2017年美国"哈维"飓风为例，这场灾难性事件既具有突发性，又呈现出紧急性。飓风突然袭击得克萨斯州和路易斯安那州，引发洪水导致大规模损坏和人员伤亡。美国政府和救援部门紧急调动资源，展开救援行动，以应对这场突发紧急事件。

2. 危机事件（Crisis Events）

危机的定义可以追溯到赫尔曼斯的经典观点，他认为危机是一种情境，具有突袭性、决策时间短暂和对被重视目标的威胁的特征。这一概念把危机看作一种状态，是对决策者应变能力的挑战，对后来的危机过程决策理论产生了很大影响。

与突发事件相比，危机事件有以下特点。首先，危机多指人为造成的，具有高度危险性和不确定性的情形。其次，突发事件的负面影响往往是显性的、现实的,而危机事件的负面影响既可以是显性的、现实的,也可以是隐性的、潜在的,人们可能一时还无法感觉得到。最后,突发事件强调即时性,而危机事件强调即将到来的某种可能性、某种压迫性的后果,更强调事件可能带来的负面影响,是个比突发事件更有弹性的概念。

例如,2008年全球金融危机就是一个典型的危机事件。这场危机始于美国次贷危机,由于金融衍生品的过度杠杆作用,导致金融市场崩溃,全球经济陷入衰退。这场危机的负面影响是全球性的,既包括显性的金融市场崩溃、失业率上升等现实问题,也包括隐性的社会稳定、国际政治等方面的问题。

3. 灾难(Disaster)

灾难与突发事件在概念上有所区别。灾难主要强调事件带来的悲惨性后果,而非时间上的紧迫性。灾难的来源包括自然界或人为的事故,如空难、海难等,其发生具有不可预测和不可抗拒的特性。

突发事件的外延更为广泛,除了突出时间的短暂,还包括事件发生原因与类型的多样性。突发事件的发生领域更为宽广,涉及人们的生产、生活,以及政治、经济、文化、军事、外交等多个方面。

与突发事件不同的是,灾难主要是由外在因素决定的,先于人为决策所给定的损害,与人的意志抉择无关。在灾难面前,人们往往表现得被动无助。灾难对人类来说是一个被动性的概念，其内涵相对狭窄。

4. 风险（Risk）

风险是一个广泛的概念，它侧重于描述来自社会或人为因素所造成的灾害危险，如金融危机、核危机、疯牛病、SARS病毒等。与突发事件不同的是，风险强调一种潜在的威胁，是一种可能发生的灾难。人们可以通过合理利用科学技术，建立有效的预测机制，从根本上预防和消除许多风险。突发事件的各种含义已被风险、紧急事件、危机、灾难等概念涵盖。国内外学者对突发事件的定义和分析存在差异，国内强调突发性、异常性和破坏性，国外注重将其放在社会背景中，认为危机也是机遇，注意定义和范畴的可变性。

突发事件和风险事件都具有不确定性，但风险更加强调未来可能发生的危险。风险在一定程度上是由人的认识和决断所决定的。通过引入风险观念和风险意识，我们可以未雨绸缪，化被动为主动，更好地应对突发事件。

在国内外的突发事件研究中，学者们对突发事件的定义和分析存在一定的差异。而这些不同的观点将有助于我们更全面地理解和应对突发事件。

二、突发事件的特点

1. 偶然性

突发事件的发生具有很大的偶然性,其发生的地点和时间是随机的,可能会有某些征兆,但爆发点似乎无规律可循。突发事件的发生状况,如发生的具体时间、实际规模、具体形态和影响深度,是难以完全预测的。

突发事件发生后,人们往往难以把握事物的发展方向,对其性质也难以做出客观的判断。这是因为突发事件是事物内在矛盾由量变到质变的爆发式飞跃过程,是通过一定的时空契机诱发的,而这个契机又是偶然的。

突发事件的偶然性表现出的是一种不确定性和超常规性,超出了人的控制与社会程序化管理的幅度与范围,仿佛是没有规律可以遵循的。但这并不意味着突发事件就不可认识了,只是说对突发事件的认识比较困难。

因此,在应对突发事件时,我们需要充分认识到其偶然性和不确定性,采取科学的方法和措施,尽可能地减少其对社会和经济的影响。同时,我们也要认识到突发事件的认识是一个长期的过程,需要我们在实践中不断总结经验和教训。

2. 产生的瞬间性

突发事件从发生到结束,其发展速度极快,周期短暂。以 2021 年美国加州发生的森林大火为例,这场灾难在短时间内迅速蔓延,给当地造成了严重的财产损失和人员伤亡。由于事件发生得突然，政府和民众对相关信息了解不足，导致应对措施不够及时，加重了灾难的严重程度。

突发事件的发生与人们的意识之间常常存在严重的脱节，给整个社会带来恐慌。例如，新冠疫情的暴发，给全球带来了前所未有的影响。由于疫情发展迅速，人们对病毒的认识和应对措施严重不足，导致疫情在全球范围内迅速蔓延。

突发事件的瞬间性增加了人们控制和处理这类事件的难度。以2011年日本东北地区发生的9级地震为例，这次地震的破坏力极大，给当地和国际救援工作带来了极大的挑战。由于地震发生得突然，救援人员需要在有限的时间内采取有效的措施，以降低损失和危害。

因此，在面对突发事件时，我们需要充分认识到其发展速度快和难以预料的特性，提前制定应急预案，提高应对能力。同时，我们还需要加强社会信息共享，提高公众对突发事件的认知，以便在事件发生时能够做出正确的反应。

3. 发展趋势的危机性

突发事件的发生具有很强的不确定性，往往会在很短的时间内对社会造成严重影响。在现代社会中，通信手段的发达使突发事件的信息传递得十分迅速，容易引发社会恐慌。因此，如何处理突发事件显得尤为重要。

突发事件和危机之间有着密切的关系，但并非所有的突发事件都会演变成危机。这完全取决于对突发事件处理的状况是否得当。许多突发事件本身就是危机的一部分，并且是关键的一部分。当突发事件因处理不当而失去控制、朝着无序的方向发展时，危机便会形成并开始扩大化。在这种情况下，突发事件就等同于危机。

突发事件的发生也常常暴露了社会管理体制的薄弱环节和管理者管理能力的局限性。例如，2021年美国加州发生的森林大火，不仅给当地造成了严重损失，也暴露出美国在应急管理方面的不足。

然而，如果某些突发事件处理得及时、得当，就有可能把它们消灭在初级阶段，也就不会演变成危机。因此，突发事件之中往往也孕育着机遇。通过有效处理突发事件，可以避免危机的形成，甚至从中找到解决问题的方法，促进社会的进步。

4. 后果的危害性

突发事件通常具有负面性质，不仅给社会带来了严重的物质损失，还影响着人们的精神层面。突发事件的扩散速度非常快，容易引发连锁反应，使事件本身不断扩大。突发事件的负面影响不仅体现在宏观层面上，如给社会和经济带来的损失，还体现在中观和微观层面上，如给社区、组织和家庭带来的损失。

总之，突发事件给社会、社区、组织和家庭带来了不同程度的损失和伤害。为了应对这类事件，我们需要采取有效的措施，降低突发事件的负面影响，保障社会的稳定和发展。

三、突发事件分类

1. 根据自然因素与人为因素划分

危机和灾难的分类有多种方法，其中最常用的划分方法是根据引发事件的因素将其分为自然因素和人为因素两类。自然因素引发的突发事件包括洪水、飓风、热浪、林区大火、地震、山崩、龙卷风、火山爆发、流行病等。人为因素引发的突发事件包括交通事故、建筑失火、建筑倒塌、矿难、危险物质泄漏、辐射事件、恐怖事件、战争、复杂的人道主义事件等。

然而，实际上，一些自然灾害可能与人类活动造成的全球气候的变化有一定关系。例如，2004 年 12 月的印度洋海啸，虽然看似完全是自然灾害，但实际上可能与人类活动有关。

突发事件分为自然性和社会性两类。自然性突发事件是指由不可抗力因素造成的难以预料的天灾人祸，如地震、洪水等。社会性突发事件是指在社会生活中突然发生的严重危及社会秩序、给社会局部或整体造成重大损失的事件，如恐怖袭击、矿难等。

这种分类方法从危机产生因素的性质来划分，其标准是视导致某种突发事件的直接原因是否有人为的因素，即是由自然力还是由社会力导致的。通过这种分类方法，我们可以更全面地了解和应对突发事件，从而降低其对社会和经济的影响。

2. 国际性、全国性、地方性、组织性的突发事件

突发事件根据影响的范围，可以分为国际性、全国性、地方性和组织性的突发事件。

国际性突发事件是指一个国家的内部或外部环境产生的使决策者感觉到基础价值受到威胁、回应时间有限，以及有卷入军事敌对可能性的情境。例如，美国"9·11"恐怖袭击事件引发了全球性的恐怖主义危机。

全国性、地方性或组织性的危机是指在系统内发生的危机。这类突发事件通常会相互作用，各个层次的突发事件可以相互转化。例如，2002年中国广东暴发的非典疫情，迅速扩散到多个国家和地区，对全球公共卫生产生了严重影响。

我国《国家突发公共事件总体应急预案》根据突发事件的性质、严重程度、可控性和影响范围等因素，将各类突发公共事件分为四级：一级（特别重大）、二级（重大）、三级（较大）和四级（一般）。特别重大事件是

指造成重大生命财产伤亡，需要动员政府和全社会力量乃至国际力量救援的突发事件。重大事件是指对社会和公众正常生活、生产秩序、社会财富及公众人身安全等造成严重损害，需要动员、调动诸多职能部门和多方面的社会力量予以救援处置的突发事件。较大突发事件是指在局部地区造成人、财、物损失的突发事件。一般突发事件是小范围内的、造成较小损失的突发事件。

总之，根据突发事件的影响范围和严重程度，我们可以对突发事件进行分类和分级。这种分类方法有助于我们更准确地评估突发事件的严重性，制定相应的应对措施，从而降低突发事件对社会和经济的影响。

3. 以突发事件发生的领域和其性质为标准划分

在非典疫情暴发后，我国对突发事件的重视程度显著提高，并按照突发事件发生的领域和性质将其划分为自然灾害、事故灾难、公共卫生事件和社会安全事件四类。

自然灾害主要包括水旱灾害、气象灾害、地震灾害、地质灾害、海洋灾害、生物灾害和森林草原火灾等。这些事件主要由自然因素导致，而人类还无法完全抵御自然破坏力。例如，2008年我国南方地区的冰雪灾害，给当地交通和电力设施带来了严重破坏。

事故灾难主要包括工矿商贸等企业的各类安全事故、交通运输事故、公共设施和设备事故、环境污染和生态破坏事件等。这些事件主要由人为因素导致，如决策失误、管理不善、工作粗心等。例如，2018年美国加州发生的森林大火，虽然起因于自然因素，但后续的救援和应对工作中，人为因素也加剧了灾难的严重程度。

公共卫生事件主要包括传染病疫情、群体性不明原因疾病、食品安全和职业危害、动物疫情，以及其他严重影响公众健康和生命安全的事件。这些事件通常由客观因素中的病菌、传染病等引起，如2003年的"非典"疫情。

社会安全事件主要包括恐怖袭击事件、经济安全事件和涉外突发事件等。这些事件主要由人的利益冲突因素与价值冲突因素造成。例如，2001年美国"9·11"恐怖袭击事件，给全球政治和经济带来了严重的影响。

总之，这四类突发事件各具特点，对人类社会和经济发展都带来了不同程度的负面影响。因此，针对不同类型的突发事件，我们需要制定相应的应急预案和措施，以降低其对社会和经济的影响。

第二节 应急物流的概念

一、应急物流的定义

应急物流是一种特种物流活动,旨在为突发性自然灾害、突发性公共卫生事件等突发性事件提供紧急物资保障。其目标追求时间效益最大化和灾害损失最小化。根据突发事件类型,应急物流可以分为以下四类:

第一,突发自然灾害应急物流:这类应急物流主要包括地震、台风等自然灾害发生时的应急物资供应。例如,2011年日本东北地区发生的9级地震及其引发的海啸,需要大量的应急物资进行救援和灾后重建。

第二,突发事故灾难应急物流:这类应急物流主要包括重大交通事故、生产事故、环境污染、自然灾害等事故发生时的应急物资供应。例如,2018年美国加州发生的森林大火,需要大量的消防设备、灭火剂等应急物资进行救援。

第三,突发公共卫生事件应急物流:这类应急物流主要包括人群疫情和动物疫情等公共卫生事件发生时的应急物资供应。例如,2003年我国暴发的非典疫情,需要大量的口罩、防护服等应急医疗物资进行防控。

第四，突发社会安全事件应急物流：这类应急物流主要包括各类恐怖事件、骚乱等社会安全事件发生时的应急物资供应。例如，2001年美国"9·11"恐怖袭击事件，需要大量的消防设备、救援器材等应急物资进行救援和现场处理。

针对不同类型的突发事件，应急物流需要提供相应的应急物资保障，以降低灾害损失和保障社会稳定。

二、应急物流的特点

1. 突发性

应急物流是由突发事件引起的特种物流活动，其最显著的特征是突然性和不可预知性。

由于应急物流的时效性要求非常高，必须在最短的时间内，以最快捷的流程和最安全的方式来进行应急物流保障。这就使得运用平时的那套物流运行机制已经不能满足应急情况下的物流需要，必须有一套应急的物流机制来组织和实现物流活动。例如，在2020年新冠疫情暴发后，全球范围内的应急物流需求激增，各国纷纷采取措施加强应急物流的组织和实施。

因此，应急物流的特点和要求决定了其与一般物流活动的区别。应急物流需要在短时间内实现高效的物资、人员和资金的调度与配送，保障受灾地区的需求。这就需要有一套专门的应急物流机制，包括应急物资储备、应急物流网络、应急运输工具等，以确保应急物流的顺利运行。

2. 不确定性

应急物流的不确定性主要来源于突发事件的不确定性，如地震、洪涝等自然灾害以及恐怖袭击等人为灾害。这些突发事件的不确定性使得人们无法准确地估计突发事件的持续时间、影响范围、强度大小等各种不可预期的因素，从而导致应急物流的内容具有不确定性。

以2003年上半年的非典为例，当时人们对各类防护和医疗用品的种类、规格和数量都无法有一个确定的把握。随着疫情的发展和对病毒认识的不断深入，防护用品的种类和质量要求逐渐明确，如口罩、防护服等。同时，其他应急物流活动中也存在许多意料之外的变数，可能导致额外的物流需求，甚至会使应急物流的主要任务和目标发生重大变化。

又如2011年日本东北地区发生的9级地震及其引发的海啸。在抗震抗洪应急物流行动中，由于地震和海啸导致灾区基础设施损毁，可能会引发大范围的疫情，使得应急物流的内容发生根本性变化，由最初的麻袋、救生器材、衣物、食物等物资的需求，变成医疗药品、消毒用品等物资的需求。

因此，应急物流的不确定性使得应急物流的组织和实施更具挑战性，需要随时调整应急策略以适应不断变化的需求。这就要求应急物流具备高度的灵活性和适应性，以便在突发事件发生时迅速响应并对物资和人员进行调度。

3. 紧急性

应急物流的特点之一就是紧急性，这意味着在应对突发事件时，物流活动需要快速响应，迅速组织运输、配送等环节。如果按照平时的物流理念，按部就班地进行，就无法应对紧急物流的需求。

在一些重大险情或事故中，平时物流的经济效益原则将不再作为一个物流活动的中心目标加以考虑。应急物流的目标是迅速提供所需物资，保障受灾地区的生活和生产，因此具有明显的弱经济性。甚至在某些情况下，应急物流成为一种纯消费性的行为，如在地震、山火等自然灾害中，物流运输工具、物资的损耗等成本可能会非常高，但仍然需要进行。

以2011年日本东北地区发生的9级地震及其引发的海啸为例，这次灾害导致许多物流设施损毁，运输道路中断。为了保障受灾地区的需求，大量的救援物资需要通过空运、海运等紧急运输方式进行调度。这种情况下，应急物流的经济效益原则显然不再适用，而紧急性和时间效益成为关键因素。

4.非常规性

应急物流本着特事特办的原则，在面对突发事件时，需要迅速采取行动，许多平时物流过程的中间环节将被省略，整个物流流程将表现得更加紧凑，物流机构更加精干，以确保应急物资的及时送达。

以军事应急物流为例，在战争期间，物流活动必须紧密围绕"一切为了前线、一切为了打赢"的大前提，组织精干、权责集中的机构统一指挥和协调物流行动，以确保物流活动的协调一致和准确及时。这种情况下，军事应急物流的行政性或强制性特点尤为明显。

同样，在地方进行的应急物流的组织指挥中，也带有明显的行政性或强制性色彩。例如，在1998年的抗洪抢险战斗中，庐山站作为九江地区抗洪最前沿的卸载站，承担了324个列车的卸载任务，列车卸载最短时间仅为20分钟，超过该站卸载能力的一倍。这种行政性和强制性是应急物流目标实现的一个重要保证，而非普通意义上的行政干预。

5.需求的事后选择性

应急物流的突发性和随机性决定了其供给方式与一般物流有很大的区别。在应对突发事件时，应急物流的供给是在物流需求产生后，在极短的时间内从全社会调集所需的应急物资。因此，应急物流的供给过程具有高度的紧急性和时间敏感性。这需要应急物流体系具备高度的协调能力和迅速的响应能力，以确保应急物资能够及时送达受灾地区。

6. 全面参与性（社会公益性）

应急物流在应对突发灾害时发挥着至关重要的作用，它对时效性要求极为严格，要在紧迫的时间限制内，迅速组织和调配充足的应急物资，并确保它们被及时送达受灾地区。与常规物流相比，应急物流的特殊性在于它必须具备迅速响应的能力，这涉及建立一个统一的组织架构，拥有专业协调指挥人员，以及无限扩展的集货能力。此外，应急物流还依赖于政府机构、军事力量、医疗队伍及志愿者等多方面的支持和协作，这体现了其社会公益性质。这种性质决定了应急物流系统不是由一两个物流企业能够承担的单一任务。

灾害突发时，所需的应急物资不仅数量庞大，而且种类繁多，这是单一物流中心难以独立完成的任务。因此，在政府主导下成立的应急救灾指挥中心的作用下，多家物流企业和物流中心需要携手合作，共同参与救援工作，充分满足灾区物资需求。这种多方参与的合作模式，是应急物流能够有效应对灾害，确保人民生命财产安全的重要保障。

三、应急物流的地位和作用

应急物流是现代物流新兴的特种物流领域，为突发事件提供物资支援，已经成为我国经济持续健康发展的重要保障力量。在突发事件发生时，应急物流需要在短时间内快速抢救受灾物资和各类设施、设备，以减少损失；及时补充物资，确保救灾活动的顺利进行；快速供应物资，帮助灾区重建；稳定民心，维护社会经济秩序安定等。

应急物流在突发事件潜伏期需要做好各种准备，如保障物资储备、物流渠道畅通等；在事件发展期启动应急物流；进入爆发期和痊愈期则需要真正运作，充分发挥物流的桥梁作用，为现场救援提供不间断的物资供应。

我国现行应急管理体制采用分类管理、分级负责、条块结合、属地管理等方式，导致补给线路细长凌乱、保障对象和补给分离、保障能力分散、建设效率低等状况。为解决这些问题，应急物流系统集成、整体优化理念将有力促进现场救援的物资保障要素高度集成、环节衔接流畅、集约性能显著。

总之，应急物流是国家安全保障系统的重要力量，为突发事件提供强大的物资支撑。在应对突发事件的准备过程中，应急物流是重点建设工程。通过优化应急物流系统，来提高应急物资保障能力，为社会突发公共事件的应对提供物质基础和现实条件。

四、应急物流风险管理理论

（一）风险概念

在应急物流领域，风险管理是一个关键环节。风险本身是由特定危险情况下可能发生的各种后果组合而成的，这种组合包括风险本身的不确定性以及可能导致损失的不确定性。风险的特点包括高度的不确定性、突发性和可变性，它是客观存在的事件，不受个人意志控制。风险的可变性是由客观环境和人为措施的相互作用导致的。同时，风险的可控性和可测性取决于人们的主观意愿和客观认知。因此，分析和预测风险发生的条件是风险管理中不可或缺的一环。

应急物流是为了应对突发情况而采取的一系列措施，它本身的高度不确定性使得其风险相对较高。应急物流风险指的是在时间和费用等约束条件下，实际执行过程中的结果与预期预测结果之间的偏差。这种风险贯穿于整个应急物流系统的运作过程之中。

（二）应急物流风险的特点

1. 动态性

突发事件，无论是自然发生的还是社会性的，都可能导致环境的重大转变。例如，2017年的九寨沟地震就导致了该地区自然环境的显著变化。

在应急物流的执行过程中，外部环境的变化会随着时间的流逝而展现出不同的风险状态。为应对这些变化，我们会实施各种措施来减轻由风险要素变动带来的应急物流风险。应急物流风险的动态性正是在这些风险要素的相互作用中得以体现的。

2. 时效性

应急物流的时效性是由其突发性质和环境的不确定性共同塑造的。灾区环境的迅速演变对应急物流风险造成了显著的影响，并且这种风险是持续变化的。因此，在面对应急物流风险时，我们应当采取的策略是实时监测风险并及时进行风险处理。

3. 客观性和普遍性

应急物流风险的客观性强调了风险的固有存在，它不受个人意愿的影响，且不会因人的意志而改变。因此，人们必须接受应急物流风险的不可避免性，并采取适当的措施来减轻其带来的损害，而不是试图完全消除风险。我们可以这样理解，应急物流风险的普遍性就在于，在整个应急物流活动过程中，其始终伴随存在。

4. 社会性

应急物流风险的社会影响取决于其可能对人类社会造成的不利后果。中国对应急物流风险的研究始于2003年非典疫情。

5. 关联性

应急物流风险可能既出现在单一的物流环节中，如仓储或运输的风险，也可能贯穿整个应急物流的过程，如气候因素可能导致进度上的风险。因此，应急物流风险无处不在，且这些风险具有不确定性和多维性质。

（三）应急物流的风险因素

应急物流的不确定性是其内在属性，这种不确定性可能导致各种风险的发生。笔者以应急物流的不确定性为起点，总结了几个关键的应急物流风险因素，包括环境、人员、物资等。环境和物资构成了应急物流的背景，对物流活动有着基本的制约作用；而在应急物流中，人员扮演着决定性的角色。应急物流的风险因素可以从流程和背景两个维度分为以下几个主要类别：

（1）国家政策因素：这包括国家对应急物流管理的支持程度、相关部门的组织协调能力、政府应急物流体系的完整性，以及在执行过程中的决策准确性，这些都会影响应急物流的风险水平。

（2）环境和信息沟通因素：这涵盖了自然环境的风险、社会安全性、经济稳定性、政府法律体系的健全性，以及信息沟通机制的建立。这些因素共同构成了应急物流风险的多方面考量，特别是在各个体系、部门之间信息共享和沟通的风险。

(四)应急物流风险分类

应急物流风险可以根据其成因分为几个主要类别:

(1)自然灾害和意外事故:这些风险源自不可抗力导致的自然灾害和意外事故,如地震、冰雹、洪涝、台风、泥石流、爆炸等。虽然这些事件发生的概率较低,但一旦发生,其造成的破坏性影响和后果对企业而言可能是灾难性的。

(2)人为事故:这包括物流企业在运营、管理、服务等方面存在的问题,如仓库火灾、漏水、灰尘等。人为事故可能导致物质和财产损失,且这类事故与人的行为密切相关,相对频繁。

应急物流流程中的风险包括:

(1)应急物资采购风险:涉及供应方生产应急物资的能力、采购来源的多样性、物资合格与否和供应商的道德风险。

(2)应急资源储备风险:涉及储备管理水平、仓库布局、储备中心的合理性,以及应急救援机制的建立。

(3)运输与配送风险:涉及应急物资的调度、配送路线选择、交通方式的可达性和安全性。

应急物流风险的来源可以分为:

（1）环境风险：包括资源、气候、交通布局和应急物流中心建设的合理性。

（2）技术风险：涉及时间、技术成熟度、信息集成与共享，以及信息传递的风险。

（3）管理风险：包括规划全面性、组织有效性、沟通、决策、管理控制机制、费用和人力资源风险。

（4）操作风险：涉及操作准确性、设备完好率和操作活动之间的衔接。

应急物流系统的管理流程分为三个主要部分：

（1）应急物流指挥调度中心：负责协调、指导和快速推进应急物资的运输和调度。

（2）物资供应方：管理广泛的应急物资供应来源，确保有效快速地集结物资。

（3）物流运输方：负责分拣、加工和运送应急物资，提高运输效率。

为了最大限度地减少灾害的危害，应急物流系统必须进行合理安排和管理，确保各个中心之间的协调、信息共享和及时反馈，以及开展高效有序的应急救灾工作。

五、应急物流系统可靠性理论

（一）系统可靠性的概念

应急物流系统的可靠性是一个关键概念，它描述了系统在紧急情况下满足灾区应急需求的能力。这种能力的强弱直接决定了应急物流系统在面对突发事件时的响应效率和效果。因此，一个高可靠性的应急物流系统能够在灾害发生时迅速、有效地提供所需的应急物资、设备和设施，最大限度地减少灾区人民的生命和财产损失。这种定义不仅强调了应急物流系统在紧急状态下的响应能力，还明确了这种能力发挥作用的两个关键要素：一是突发事件的发生，二是防止人民生命财产进一步受损的时间窗口。

（二）可靠性对应急物流系统的意义

应急物流系统是一个由多个子系统构成的复杂整体，这些子系统共同工作，以确保在紧急情况下能够满足应急物流的需求。应急物流系统的可靠性是确保其在突发事件中能够有效运作的基本要素，它是保障医药、水、食物等关键物资能够顺利运达受灾地区的关键。因此，应急物流系统稳定运作的前提是其可靠性。提高应急物流的可靠性意味着增强其应对紧急情况的能力。为了确保应急物流系统的可靠性，需要分析各个子系统的影响因素，并采取措施保障它们的可靠性。

（三）应急物流系统可靠性影响因素

应急物流系统受多种因素影响，其可靠性主要受应急物资配送、疫情和自然环境等因素制约。导致物流系统受损的原因可能是突发性事件，包括人为事故、自然灾害等，也可能受日常交通拥堵等因素影响。这些因素导致客户需求波动，对应急物资种类、数量、需求时间和地点产生影响，从而影响应急物流系统。

（1）需求时间的变化：灾害发生时间具有不确定性，因此，应急物资需求时间也具有随机性、不确定性。为确保灾害期间应急物资需求得到保障，应提高应急物流效率、降低物流成本，且灵活的运输方式、库存的可靠性和物流中心的应变能力也至关重要。

（2）需求地点的变化：灾害发生区域具有不确定性，需求地点可能随时改变。这可能导致运送应急物资的方式、路线、渠道来源和数量发生变化，从而影响需求响应成本和速度。

（四）应急物流系统可靠性来源分析

应急物流的可靠性主要包括企业可靠性、应急物流系统可靠性和系统内部协调的可靠性。

1. 企业可靠性

包括供应商和第三方物流企业的可靠性。

（1）供应商的可靠性：供应商主要负责应急物资的供给。其可靠性通过应急物资的种类、数量、供应商的经济实力和经营风险等因素来体现。可靠性高的供应商主要表现为按时交货、应急物资种类齐全、数量充足等。

（2）第三方物流企业的可靠性：在应急物流系统中，第三方物流公司负责货物的运输和仓储。其可靠性受地理位置、运输管理能力、库存能力等因素影响。可靠性高的第三方物流公司主要表现为运输及时、安全、货物保管能力强等。

2. 应急物流系统可靠性

根据可靠性工程理论，将系统逻辑结构分为串联系统、并联系统和串—并混联系统，对应急物流系统进行逻辑分析，概括为相应的系统逻辑结果，计算可靠度。

3. 系统内部协调的可靠性

应急物流协调能力决定了系统可靠性的提升速度。应急物流协调可靠性主要体现在以下两个方面：

（1）信息传递的可靠性：包括信息传递的准确性、及时性，以及信息技术是否先进等。

（2）企业联盟关系的可靠性：主要表现为企业目标是否一致、利益分配是否合理等。

第三节 四种基本类型的应急物流

根据突发事件的类型,应急物流可以分为四类:突发自然灾害应急物流、突发事故灾难应急物流、突发公共卫生事件应急物流和突发社会安全事件应急物流。每种类型的应急物流具有不同的特点和应对重点。

一、突发自然灾害应急物流

自然灾害应急物流是一种特殊的物流活动,旨在满足自然灾害救援的物资需求,通过采用超常规手段,迅速从供应地组织应急物资并将其运送到需求地。这种物流活动在我国具有重要意义,因为我国是世界上自然灾害最为严重的国家之一。

近年来,我国相继发生了多次特别重大的自然灾害,如地震、洪灾、低温雨雪冰冻灾害等,造成了巨大的损失。根据2009年国务院新闻办公室发布的《中国的减灾行动》,我国的自然灾害具有以下几个主要特点:

第一,灾害种类多:我国的自然灾害主要有气象灾害、地震灾害、地质灾害、海洋灾害、生物灾害和森林草原火灾。除现代火山活动外,几乎所有自然灾害都在我国出现过。

第二,分布地域广:我国各省(自治区、直辖市)均不同程度受到自然灾害影响，70%以上的城市、50%以上的人口分布在气象、地震、地质、海洋等自然灾害严重的地区。2/3以上的国土面积受到洪涝灾害威胁的数省份（自治区、直辖市）发生过5级以上的破坏性地震。

第三，发生频率高：我国位于欧亚大陆、太平洋及印度洋三大板块交汇地带，新构造运动活跃，地震活动十分频繁，大陆地震占全球陆地破坏性地震的1/3，是世界上大陆地震最多的国家。东部沿海地区每年约有7个热带气旋登陆，局地性或区域性的干旱灾害几乎每年都会出现。

因此，针对我国自然灾害的特点，发展自然灾害应急物流，以此来提高应对自然灾害的能力、降低损失，显得尤为重要。

（一）自然灾害应急物流保障的特点

1. 灾害救援行动具有不同的物资需求

自然灾害救援行动具有很强的专业性，因为每一种自然灾害都表现出不同的破坏机理，要求参与救援的人员具备相应的专业知识和技能。有时甚至需要动用特种专业力量，以便根据灾害和险情的性质、特点和规模进行科学施救，提高效率。

相应地，自然灾害救援行动中会出现相对集中的专业化的物资需求。这包括物资类别的专业化和物流运作的专业化。救灾应急物资可以分为防护用品、生命救助、生命支持、救援运载、临时食宿、污染清理、动力燃料、工程设备、器材工具、照明设备、通信广播、交通运输和工程材料十三类。

自然灾害应急物流保障运作方式不同于常态物流，其是一种为了应对自然灾害的特殊物流活动。应急物流的核心目标是满足应对突发事件物资需求，迅速组织应急物资，将其从供应地运送到目的地。在应急物流过程中，强调急事急办、特事特办、按照程序快办，时间第一，效率至上。

2. 灾害救援具有紧迫的时间限制

瞬间的灾害可能造成大量生命死亡和财产损失，但仍有大量的幸存者和可挽救的财产。因此，灾害救援的目标就是从时间中抢生命、抢财产。为了实现高效的应急物流，确保救灾物资能够迅速运送到受灾地区，必须具备以下条件：

第一，物流通道的畅达度：确保救灾物资的物流通道畅通无阻，以便救灾物资能够迅速到达受灾地区。政府部门和物流企业应建立完善的应急预案，包括临时性的交通管制、开辟临时通道等措施，以确保救灾物资的运输不受阻碍。

第二，运载工具的高效能：应确保运送救灾物资的运输工具高效、可靠。政府部门和物流企业需要具备足够的运载能力，包括各类型的运输工具，如卡车、火车、飞机等。同时，要保证运输工具的可靠性，避免在救灾过程中出现故障。

第三，运输组织的高效率：有了物流通道和运载工具，还要有科学高效的组织管理。政府部门和物流企业需要建立一套完善的应急物流管理体系，确保救灾物资的采购、运输、分配等环节能够高效运作。这包括建立有效的协调机制、制订合理的运输计划、优化物流网络等。

总之，实现高效的应急物流对于灾害救援至关重要，政府部门和物流企业应共同努力，确保救灾物资能够迅速运送到受灾地区，为灾区提供及时的救援支持。

3. 自然灾害应急物流牵涉面广，呈现多元化特征

自然灾害应急物流通常涉及多方合作和广域展开，可能包括单一的救灾力量或多种力量联合进行。由于参与单位的体系不同，处置能力和行动特长各异，对物资保障的需求也呈现出多元化特征。

第一，保障对象多元：自然灾害应急物流保障中有地方政府、企业、志愿者、灾民、军队、武警、公安消防、民兵、预备役等。不同保障对象的需求和特点各异，因此，在应急物流过程中需要根据实际情况针对不同保障对象采取不同的保障措施。

第二，保障手段多元：根据灾害救援的实际情况，应急物流应采取多种保障手段，如汽车、运输船、运输机、管道甚至人力运输等。这些保障手段的选择取决于灾害类型、救援区域、物资特性等多种因素。在实际操

作中，需要灵活运用各种保障手段，以确保救灾物资能够迅速、安全地送达受灾地区。

总之，自然灾害应急物流具有多元化特征，包括物资需求多元、保障对象多元和保障手段多元。为提高应急物流效率，各参与单位需要根据实际情况，采取针对性的措施，协同完成救灾工作。

（二）自然灾害应急物流保障的主要内容

应急物流保障活动涵盖了应急物资的筹措、运输、储存、装卸、搬运、包装、配送及信息处理等过程。自然灾害应急物流保障的组织实施是一项复杂的系统工程。从供应链的角度，应当重点关注以下几个物流环节：

1. 物资筹措

物资筹措是自然灾害应急物流保障的基础工作，没有物资筹措，应急物流保障就缺少必要的物质基础。物资筹措主要包括以下方面：

（1）物资筹措方式：应急采购中的物资筹措渠道包括库存物资调拨、征用、社会捐献等。这些渠道在应急物流保障中发挥着关键作用，确保救灾物资的及时供应。

（2）物资筹措的重点：对于不同类型的灾害，物资筹措的重点不尽相同。例如，地震灾害中，以72小时黄金救援时间为主要依据，根据消耗规律进行物资筹措。在地震灾害的初期，食品是始终要重点筹措的物资，而帐篷、药品、专用工具在一定时期后需求量就会大幅下降。因此，应根据灾害的特点和需求情况，制定合理的物资筹措策略，如分级、分期、分类等。

（3）应急采购的组织：应急采购的主要工作包括组织商务谈判、签订合同、协调应急生产、检查产品质量、进行出厂验收、办理结算手续、组织物资的装卸、发运、配送等。这些工作对于保证救灾物资的质量和及时供应具有重要意义。

总之，物资筹措是自然灾害应急物流保障的基础工作，应急物流企业在应对灾害时，应根据灾害类型、救援时间和需求情况，采取合适的物资筹措方式，重点关注食品等关键物资，并组织好应急采购工作，确保救灾物资的及时供应。

2. 集配组套

物资集配组套是应急物流的关键环节，它有针对性地把配齐的各种物资进行包装集装化，提高物资补给速度并降低出错率。在自然灾害应急物流中，物资集配组套已成为共识。

（1）集配组套的时机：物资集配组套的时机非常重要，过早或过晚都会影响物资保障。选择位置合适、交通发达的物资集配地，将不同类型的物资进行集中组配、集中装载、统一投送。

（2）集配组套的方法：按照不同物资类型提前组配的模块有基本生活物资模块、医药物资模块、交通保障器材模块、住宿物资器材模块和油料模块等。以保障对象的数量为参考，进行"基数化"组配，得到不同人员规模的保障模块。根据任务特点将物资进行"任务化"组配，以满足具体的保障需求。

（3）紧急发运：自然灾害应急物流保障的关键是第一时间把物资运送到受灾地。这需要考虑运力计划协调、运输有序组织和物资押运移交等环节。

（4）分发配送：分发配送是物流"最后1公里"的关键环节。做好分发配送要认识到其重要意义，科学组织分发配送、弄清需求信息、避免无序分发配送，以及搞好包装标识，确保有效分发配送。

（5）回收利用：物资回收利用对充分发挥物资作用效能、避免资源浪费和保证持续的物资保障能力具有重要意义。

总之，物资集配组套在应急物流中发挥着重要作用，涉及时机、方法、紧急发运、分发配送和回收利用等多个环节。应急物流企业在应对灾害时，应根据实际情况，采取合适的策略和方法，确保救灾物资的及时供应。

二、突发事故灾难应急物流

事故灾难应急物流是一种特殊的物流形式，其目的是提高应对事故灾难所需的重要物资应急保障能力。这种物流保障对于保证应急处置所需的重要物资迅速、高效、有序地调度与供应具有重要意义，有助于建立协调一致、高效快捷的重要物资应急保障体系。通过这种体系，我们可以确保在事故灾难发生时，社会的安全运行得到有效保障。

（一）事故灾难及其特点

事故灾难是一种具有严重后果的意外事件，通常是在人们生产、生活的过程中引发的。事故灾难具有以下特点：

（1）因果性：事故灾难通常是由相互联系的多种因素共同作用的结果。这些因素可能包括人为原因和自然因素等，共同导致了事故的发生。

（2）随机性：事故的发生具有随机性，即事故发生的时间、地点和严重程度都是偶然的。这种特点给事故预防带来一定的困难，但通过科学的预测和预防措施，可以降低事故发生的概率。

（3）潜伏性：尽管事故看起来像是突发事件，但实际上事故发生有一定的潜伏期。在事故发生前，人、机、环境等系统可能处于不稳定状态，即存在事故隐患，具有危险性。

总之，事故灾难具有因果性、随机性、潜伏性和可预防性等特点。了解这些特点有助于我们更好地预防和应对事故灾难，确保生产和生活安全。

（二）突发事故灾难应急物流的实施

突发事故灾难应急物流通过现代信息技术，整合采购、运输、包装、配送等环节，以实现时间效益的最大化和灾害损失的最小化。其内容包括通信与信息保障、救援装备器材保障、交通运输保障、医疗卫生保障、资金保障和生活物资保障等。

（1）通信与信息保障：在突发事故灾难应急物流中，通信与信息保障起着关键作用。通过建立有效的通信和信息渠道，可以实现各级应急部门的协调和沟通，确保应急物资的及时调度和分配。

（2）救援装备器材保障：救援装备器材是应急物流的重要组成部分，包括消防器材、急救设备、破拆设备等。这些设备对于提高事故救援效率和减少人员伤亡具有重要意义。

（3）交通运输保障：在事故灾难应急物流中，交通运输保障对于快速将应急物资运送到事故现场至关重要。应合理规划运输路线、调度运力资源，确保应急物资能够迅速送达。

（4）医疗卫生保障：事故灾难发生后，医疗卫生保障对于救治伤员和控制疫情扩散具有重要意义。应急物流中的医疗卫生保障范围应包括药品、器械和医护人员等。

（5）资金保障：应急物流中的资金保障是确保各项应急工作顺利进行的必要条件。政府部门和物流企业需要确保应急资金的充足和合理使用。

（6）生活物资保障：事故灾难发生后，受灾民众的生活物资保障同样重要。应急物流中的生活物资保障范围应包括食物、水源、帐篷等基本生活用品。

突发事故灾难应急物流的组织与实施涉及国家、行业组织、物流企业等不同层次、不同系统的机构。现场应急救援指挥以属地为主，即由事发地政府成立现场应急救援指挥部。应急物资的筹集具有一定的强制性和社会性，应急物资的合理配送是保证应急物资供应顺利完成的最后一环。通过以上措施，我们可以提高事故灾难应急保障能力，确保应急处置所需重要物资得到迅速、高效、有序的调度与供应。

三、突发公共卫生事件应急物流

不断发生的各种突发公共卫生事件对我国的国民经济和社会秩序造成了巨大的影响和破坏。每当灾难发生时，都需要大量的应急物资。通过应急物流系统，可以将应急物资快速地运送到事发地点，对灾情进行紧急救助。

在突发性很强的公共卫生事件发生的地区，往往平时没有赈灾物资储备，或储备的数量和种类有限。为使突发公共卫生事件造成的损失最小化，亟待加强对应急物流的内涵、规律、保障机制、实现途径等的研究。

（一）突发公共卫生事件应急物流的特点

突发公共卫生事件应急物流是一种特殊的物流形式，其主要特点如下：

（1）需求的急迫性和多样性：在突发公共卫生事件发生时，短时间内需要大量的物资，包括救灾专用设备、医疗设备、通信设备及生活用品等。此外，由于运输系统可能受到恶劣环境影响，如道路被洪水或山体滑坡阻断，应急物流系统面临严峻的考验。

（2）政府与市场共同参与性：应急物流的来源可以由多种方式提供，包括政府提供公共物品、公益捐助、企业和个人自主采购等。针对这种分散性，需要对资源进行整合，遵循政府、企业、个人相结合的原则。

（3）不确定性：由于人们无法准确估计突发事件的持续时间、强度大小、影响范围等因素，应急物流的内容也随之变得不确定。例如，在应对非典和禽流感等疫情时，人们对防护和医疗用品的种类、规格和数量都无法有一个准确的把握。

（4）非常规性：应急物流本着特事特办的原则，许多平时物流的中间环节被省略，整个物流流程表现得更加紧凑，物流机构更加精干，物流行为表现出浓厚的非常规色彩。例如，在应对非典和禽流感的"战役"中，为了满足医疗用品的需求，需要有一个组织精干、权责集中的机构进行统一组织指挥，以确保物流活动的协调一致和准确及时。

突发公共卫生事件应急物流具有需求的急迫性和多样性、政府与市场共同参与性、不确定性及非常规性等特点。了解这些特点有助于我们更好地应对突发公共卫生事件，确保物资及时送达，减少疫情对社会的危害。

（二）突发公共卫生事件应急物流保障机制

为了更好地防范突发公共卫生事件的发生、发生后能采取有效措施积极应对，从政府到地方都要努力做好应急物流管理，建立相应的保障机制，满足应急物流实施的必要条件，使灾情或疫情得到有效控制，使损失降低到最小。

1. 技术保障

国家应建立突发公共卫生事件应急决策指挥系统的信息技术平台，承担突发公共卫生事件及相关信息收集、处理、分析、发布等工作，采取分级负责的方式实施。要在充分利用现有资源的基础上建设医疗救治信息网络，实现卫生行政部门、医疗救治机构与疾病预防控制机构之间的信息共享。

2. 物资经费保障

物资经费保障包括以下两方面：

（1）物资储备。各级人民政府要建立处理突发公共卫生事件的物资和生产能力储备。发生突发公共卫生事件时，应根据应急处理工作需要调用储备物资。应急储备物资使用后要及时补充。

（2）经费保障。应保障突发公共卫生事件应急基础设施项目建设经费，按照规定落实对突发公共卫生事件应急处理专业技术机构的财政补助政策和突发公共卫生事件应急处理经费。应根据需要对偏远贫困地区突发公共卫生事件应急工作给予经费支持。国务院有关部门和地方各级人民政府应积极通过国际、国内等多种渠道筹集资金，用于突发公共卫生事件应急处理工作。

3. 通信与交通保障

各级应急医疗卫生救治队伍要根据实际工作需要配备通信设备和交通工具，保证正常通信，确保交通畅通。

4. 法律保障

国务院有关部门应根据突发公共卫生事件应急处理过程中出现的新问题、新情况，加强调查研究，起草和制定应对突发公共卫生事件的法律法规和规章制度，形成科学、完整的突发公共卫生事件应急法律和规章体系。

国务院有关部门和地方各级人民政府及有关部门要严格执行《突发公共卫生事件应急条例》（国务院2003年颁布，2011年修订）等规定，根据预案要求，严格履行职责，实行责任制。对履行职责不力，造成工作损失的，要追究相关当事人的责任。

5. 社会公众的宣传教育

充分利用广播、影视、报刊、网络、手册等多种信息传播形式，对社会公众广泛开展突发公共卫生事件应急知识的普及教育，宣传卫生科普知识，指导群众以科学的行为和方式对待突发公共卫生事件。要充分发挥有关社会团体在普及卫生应急知识和卫生科普知识方面的作用。

四、突发社会安全事件应急物流

社会安全事件是武装力量依法打击各类恐怖组织，处置危害社会秩序的非法行动，维护国家统一、社会稳定和人民生命财产安全的行动。社会安全事件应急物流保障在于能够及时对危害社会安全的突发情况实施快速精确的物资筹措、存储、运输、配送等，以快速平息社会安全事件，尽快恢复遭受危害和破坏的秩序，重建基础设施。

（一）社会安全事件应急物流保障的重大意义

准确定位应急物流保障在应对社会安全事件的地位作用，有助于提高对应急物流的思想认识，加强应急物流保障力量体系建设。

1. 强大的应急物流保障对社会安全破坏势力具有巨大的威慑

在当前时期，尽管我国社会大局保持稳定，但民族分裂主义、邪教及黑恶势力的局部冲突和各类社会矛盾的激化，仍旧是构成社会安全挑战的重要方面。特别是某些势力获得了国际反华力量的支援，这使得国内安全环境更为复杂和紧急。针对这些安全隐患，我们需要采取有效措施进行遏制。

关键在于削弱这些破坏势力的综合实力，这是一个包含武器装备、人员素质、物资供应等多方面因素的复合指标。应急物流保障作为这一实力的重要组成部分，是确保迅速响应各类安全挑战的物质基础。

首先，应急物流能否满足"数量、质量、时间和空间"的需求，直接关系到我们打击安全威胁、维护社会秩序的能力。其次，应急物流的迅速响应能力，如远程快速部署，能迅速将人员和物资装备投送到热点区域，迅速形成战斗力，这种能力本身就是一种有效的威慑。最后，实战化的应急物流准备状态，展示了国家维护社会安全的坚定决心。

为了实现有效威慑，我们需要在战略物资采购、民用交通工具征用与改装等方面做好准备。特别是在偏远地区，建立强大的物资储备和应急物流能力是防止社会安全受到破坏的关键。通过这些措施，我们可以有效遏制潜在的安全危机。

2. 快速精确的应急物流保障是打击社会安全破坏活动的重要保证

高效的应急物流保障就是指在合适的时机和地点，为执法部队提供适当质量、数量的装备物资器材。在社会安全事件中，突发情况的扩散速度很快，政府和执法部队的积极应对和快速反应能力直接影响到局势的发展。

显然，社会安全破坏力量与执法部队在力量上存在明显的不对等，一旦执法部队介入，局势往往能够得到迅速改善，这就体现了应急物流快速精确的重要性。

只有高效的应急物流，才能保证执法部队在第一时间抵达事发现场，迅速恢复社会秩序，有效地保护人民的生命和财产安全。以 1992 年 4 月 29 日的美国洛杉矶暴动为例，由于应急物流保障不足，国民警卫队未能及时抵达现场，最终使得种族冲突在不到 24 小时的时间内迅速蔓延至 19 个州，造成了超过 10 亿美元的经济损失。

因此，快速精确的应急物流保障是提高应对突发社会安全威胁能力的关键因素，甚至直接影响到执法部队的快速反应能力。

3. 及时充足的应急物流保障有利于社会秩序的恢复和重建

武装力量致力于维护社会安全的根本宗旨是确保社会的长期稳定和秩序。在社会秩序的恢复和重建过程中，武装力量的主要行动包括全面防范、化解矛盾、恢复秩序和事后重建等。

全面防范主要是组织武装力量在重要的公共场所、交通枢纽、居民区和城市繁华地段进行守护，加强对重要目标如油库、变电站及政府机构的警戒，防范敌人可能发动的袭击、破坏和恐怖活动。化解矛盾是指在社会安全破坏分子煽动群众事件时，组织武装力量平息事态，防止矛盾升级，这需要进行大量的沟通工作。

恢复秩序是通过组织武装力量进行威慑性的武装巡逻，宣布宵禁，迅速恢复正常的社会秩序，以保护人民的生命安全。事后重建是指在社会安全事件结束后，武装力量在政府的领导下，迅速对受损严重的政府驻地、居民区、企事业单位进行重建，以帮助他们尽快恢复正常秩序。

在这些行动中，都需要大量的物资和设备，应急物流保障不仅要保障武装力量执行任务，而且可能还需要负责对政府、社会团体和人民群众的物资保障。因此，只有以强大的应急物流保障作为支撑，才能有利于社会秩序的快速恢复和灾后重建。

（二）社会安全事件应急物流保障全过程的重点工作

社会安全事件应急物流保障作为突发事件应急物流保障的一个关键部分，既具备应急物流保障的普遍特性，如保障程序和保障内容等，同时也具有其独特的特点。研究社会安全事件应急物流保障的关键，在于从其独特的属性出发，深入挖掘保障的关键节点和重点。

从整个应急物流保障的过程来看，我们应该重点关注以下几个问题：

1.建立统一权威的联合保障指挥机构

在社会安全事件中，参与保障的力量众多，而被保障的对象也颇为广泛。因此，必须强化统筹协调，建立一个权威、高效、统一的联合保障指挥机构。依据我国的政治体制，在社会安全事件发生时，可以组建一个由党、政、军组成的临时联合应急保障指挥机构，其指挥体系可包括以下四级：

（1）国家、总部级领导机构。设立一个由国务院和中央军委有关领导领衔，解放军四总部和国务院各相关部委领导参与的军民结合的最高应急保障联席指挥机构，负责统一领导和指挥应急物流保障。在总后勤部设立具体办事机构，如应急物资供应管理局，负责处理日常工作。

（2）战区领导机构。以事发地域所在的战区为核心，组建一个由军区领导、当地政府领导及相关部门领导参与的战役级应急联席指挥机构，负责统一领导和指挥辖区内的应急物流保障。战区领导机构承担纵向承上启下、横向协同协调的职能。在军区联勤部设立具体办事机构，负责处理日常工作。

（3）责任区领导机构。根据事发地域划分若干责任区，分别组建由责任区部队领导和当地政府领导参与的责任区应急指挥机构，负责统一领导和指挥区域内的应急物资保障。

（4）基本保障力量。根据应急事件的性质和规模，以武装力量应急物流保障力量为核心，组建军、警、民联合保障力量，设立应急物流中心，对各种救援力量实施综合保障。

2. 完善应急物资筹措机制

应急物资筹措是地方政府和武装力量通过计划订购、市场采购等多种途径紧急获取物资的过程。建立应急物资筹措机制的关键在于制定法律法规和优化业务流程。

首先,根据我国2010年新颁布的《中华人民共和国国防动员法》,应制定社会安全事件应急物资筹措的具体条例,明确物资筹措的职责分工、物资品类、补偿办法等,确保应急物资筹措有法可依。

其次,优化应急物资筹措的业务流程,具体针对物资需求调查、资源调查、制定筹措策略、编制筹措计划、签订购销合同、组织进货及筹措检查分析7个环节进行优化。平时要完成好各项基础性环节的工作,紧急情况下则可在平时工作的基础上,直接制订计划和组织进货。例如,在应急采购过程中,可以省去采购环节中的供应商选择、产品选择、产品质量确认等环节,采取预制应急采购订单的方式和依托大型物资市场采购的方式,以实现快捷高效的目标。

最后,综合运用各种筹措方式,如统筹计划订货、市场采购、生产开发、境外进口及民间捐赠等途径,提高应急物资筹措的时效性,实现各类物资的快速筹集。

3. 建立专项物资储备体系

从近期社会安全事件应急物流保障的实践来看，武装力量在一线保障实体上的储备量不足，对重点方向的物资储备结构和布局也存在问题，需要建立和完善科学合理的社会安全救援专项物资储备体系。

一方面，应制定社会安全救援专项物资目录，建立特需物资储备。社会安全救援的通用物资器材主要包括三大类：人员消耗物资、装备器材和装备消耗物资。具有专用性的物资器材主要包括警棍、头盔、盾牌、防暴弹等，这类物资器材杀伤力有限，目的是避免造成人员伤亡，使事态在可控制的范围之内。社会安全救援的专项物资保障目录，应从武装力量物资储备整体规模的基础上，依据社会安全救援行动类别来设计制定，合理衔接专用物资种类与层次，区分不同的专用物资，形成系列。

另一方面，建立合理的物资储备。一是储备布局合理，形成"以近求快、以快应急"的保障格局，根据不同类型装备、器材、工具和物资的功用，科学确定储存地点，尽可能减少大范围的调拨和远距离的输送。二是储备结构合理，以武装力量的执勤单位为储运单元，形成"积木化"的结构关系，可以任意拆分或组合，提高保障效率。三是储备方式合理，针对不同地区的特点及不同物资类型，采取相应的储备方式，做到通专结合、合理搭配、军地联储，确保每个任务保障区都储备有应对本区域内可能发生安全威胁的相应物资器材。

4. 加强社会安全应急物流活性建设

提升社会安全应急物流保障能力的关键在于加强物流的"活性"建设。社会安全应急物流的"活性"，是指在应急物流保障的全流程中，从采购、仓储、运输、配送、装卸搬运等方面来提升物流运作的顺畅程度。

首先，应提升各类物资器材组套包装的"活性"。各类社会安全救援专用物资的组套包装，不仅涉及各类物资的组套问题，如成套器材装备的组套，还包括成建制、成系统的组套，如以野战医院为单位进行医疗器材的组套包装，这是为武装力量执勤单位所需要的各类物资器材进行的组套包装。

其次，提高社会安全救援物资装卸搬运的"活性"。装卸搬运的"活性"，指的是将物资从静止状态转变为装卸搬运运动状态的难易程度。由于装卸搬运在应急物流过程中需要反复进行，其速度可能决定整个应急物流速度，单次装卸搬运的时间缩短将使多次装卸搬运的累计时间得到显著缩短。

最后，提高多种运输方式联合运输的"活性"。例如，解决公铁联运的问题、航空与公路联运的问题、水运与陆运联运的问题，只有加强不同运输方式之间的衔接，实现各种运输方式之间的匹配，才能真正发挥多种运输方式的优势，提升社会安全应急物流的"活性"。

第二章　应急物流系统

第一节　应急物流系统的设计

一、应急物流系统设计的指导原则

结合应急物流的特性，应急物流系统设计需遵循特定的原则，确保系统的有效性和应对紧急状况的能力。

（一）结合事前预防与事后应对

鉴于应急物流需求具有突发性和事后选择性，应急物流系统的设计需同时考虑事前预防和事后响应。建立全面的信息系统和数据仓库，专门用于管理应急物资和运输工具，对于提高应急物流在紧急事件发生时的效率至关重要。这样的信息系统应覆盖全国，以便在紧急事件发生时能迅速有效地进行资源调配和运输安排。

（二）强调时间效率

鉴于应急物流的突发性、流量波动和不平衡性，以及时间限制，设计应急物流系统时应优先考虑时间效率而非单纯的经济效益。系统设计应涵盖应急物资的快速采购机制和高效运输机制，同时对运输工具的运载能力、路线规划和运送方案进行优化，以确保提供最优化的应急响应方案。此外，应急物流系统的设计还应该集成全球定位系统（Global Positioning System，简称 GPS）、地理信息系统（Geographic Information System，简称 GIS）等先进技术，以便对整个运输过程进行实时监控和调度，确保救援物资能够迅速、准确地送达目的地。

总之，应急物流是在突发性事件中为了保障人民生命安全和财产安全而进行的一种特殊物流活动。它具有突发性、紧急性、大规模、非营利性、政府主导和社会公共性等特点。通过发展应急物流，我国在应对突发事件方面的能力得到了提升，为维护社会稳定和人民生命安全发挥了重要作用。

二、应急物流体系的关键组成部分

在我国，一个高效的应急物流体系主要由以下四个核心子系统构成：应急物流指挥、应急物流保障、应急物流信息和应急物资供应子系统。

（一）应急物流指挥子系统

应急物流指挥子系统是一个综合性的体系，它将政府机构、专业人员、信息系统设备等要素有机地结合起来。该系统的核心作用是在自然灾害、公共卫生事件、社会安全等突发事件发生时，确保应急物资的合理、高效和顺畅运输与配送，从而最大限度地减少突发事件带来的损失。构建应急物流指挥系统时，各级政府应根据本地实际情况，结合政府架构和物流运作流程，整合国家、军队、地方等多个层级的行业性和专业性机构，实现资源的统一配置和关系的协调。从国家到地方，应有序建立应急物流系统的运作所需的机构框架、部门职责、人员构成和工作流程等。应急物流指挥中心是该系统的核心，主要由军队、信息中心、物资主管部门和运输保障部门组成。

统一的应急物流指挥系统具有以下优势：

（1）通过统一的体系，可以最大限度地缩短中间环节，节省时间，提升应急反应的速度。

（2）统一接收、采购和分发捐赠的物资和款项，有助于防止腐败，便于监管和审计，增强透明度。

（3）统一的采购可以获得规模采购的优势，降低应急成本。

（4）统一的配送可以提高配载率，充分利用运输能力和物流配送中心的潜能，降低配送成本。

（5）统一的管理有助于规划全国应急物资布局，灾害发生时能够就近调运物资。

（6）构建统一的信息发布平台，有助于避免出现供需不平衡的现象。

（7）应急物流体系的统一指挥有利于国家通过立法确定相应的组织权利、责任和操作流程，实现灾后应急物流的标准化、制度化和常态化管理。

（二）应急物流保障子系统

应急物流保障子系统涵盖了法律保障、人才保障和应急预案保障等多个方面。

1. 法律保障

建立一个全面的应急物流保障法规体系是现代化和正规化应急物流保障的基本要求。这个体系应包括以下方面：一是地方应急物流保障力量的动员法规，涵盖海陆空运输力量的应急动员和地区物流资源的应急动员，明确动员的时机、权责划分、实施程度和补偿标准等。二是应急物流保障力量建设的相关法规和条令条例。三是应急物流保障的相关规章和制度。

2. 人才保障

应急物流保障的复杂性和技术性要求对保障人员进行专业培训，以提升他们的综合素质。这包括加强针对性的实战演练,根据可能的任务在突发事件高发地区进行不定期演习,以及改进训练手段、开发应急物流保障模拟训练系统、探索虚拟现实模拟训练,为提高应急物流保障人员的素质提供条件。

3.应急预案保障

应急预案既是应急物流保障的基础,也是确保应急工作顺利进行的关键。应急预案应明确组织指挥机构、各类人员的筹备、分工、步骤和必要措施,以及应急保障的程序等。对于涉及全局范围、危害严重、重大事件的应急预案,应邀请相关部门专家参与制定,并在制定后获得上级政府的批准;对于一般性的应急预案,则可根据本地区实际情况,针对潜在的安全隐患和灾难性事故,综合分析,制定相应的预案。

(三)应急物流信息子系统

应急物流信息子系统是整个应急物流系统的核心,它充当了数据存储和交流的平台。该子系统包括通信平台和信息平台。通信平台涵盖了电话、无线通信、传真和可视电话系统等,为应急物流信息的交流提供了技术支持。信息平台则用于应急物流系统中信息的传播、交流和反馈,包括灾害处理方案和措施的发布等。一个完善的信息系统能够为应急物流提供准确及时的灾害情况、物资储存和生产情况、运输资源情况等,辅助应急物流做出决策,并尽可能缩短前置期。

应急物流信息系统应包含信息采集、分析和决策三个级别的信息处理,并通过信息系统将各级应急物流中心和保障单位连接起来,准确收集所需的基础数据,并保持数据库的持续更新。在应急物流信息系统的建设过程中,应重点关注以下两个方面:

1. 基础信息建设

基础信息建设包括三个方面:一是建立高效的物流信息网络,依托社会公共信息平台,建立综合指挥网、运输信息网、仓储信息网等。二是推动信息标准化建设,统一物资代码、规范文件传输格式。三是建立和完善基础数据库,收录道路、企业、人才等详细数据,并实时更新。

2. 应急物流模型设计

应急物流体系结构模型的制定对于信息系统的设计和实现至关重要,同时也促进了物流配送算法的实现。通过将 GIS、GPS 和 WEB(World Wide Web,万维网)技术与其他现代物流管理技术有效集成,可以实现物流信息资源共享、提高物流配送效率。GIS 提供地理信息和动态信息,有助于物流配送算法的实施;GPS 利用卫星进行定位计算,可以确定物流货物的具体位置、速度等信息。

（四）应急物资供应子系统

应急物流供应子系统负责应急物资的筹措、储备、运输和配送，直至送达灾民手中。运用供应链管理思想，结合先进技术和现代管理手段，实现应急物流的集成、整体运作和管理，强调集成、协调和快速反应，对应急物资的筹措、储备和运输、配送进行科学组织。

1. 应急物资筹措

应急物资筹措的主要形式为应急采购，还包括库存物资的调拨、动员、征用和社会捐赠等。应急采购是在战争、自然灾害或其他紧急情况下进行的采购方式，强调货源渠道和大量资源信息。应急采购有四种形式：单一来源采购、询价采购、竞争谈判采购和招标采购。根据上级要求和事态进展，确定采购品种、数量和时限。

2. 应急物资储备

应急物资储备的关键在于对仓库布局、数量、容量、物资种类、长期和中期储备量以及储备物资的合理维护和有效管理。应用企业库存控制方法，科学确定应急物资储备规模，实现库存控制。采用ABC分类库存控制法（Activity Based Classification）对应急物资进行分类管理，以降低成本，提高经济效益。优化仓库选址，合理布局，充分利用仓库空间。

3. 应急物资运输

应急物流系统本身不拥有运输工具，突发事件爆发后所需的运输工具全部依靠临时征用。要结合公路、铁路、航空、水运等多种运输方式，整合现有社会资源，实现军地物流一体化；加强应急演练，对应急物流运输全过程进行实时监控，掌握最新动态；加强交通运输基础设施建设，缩短应急物资运输时间。

4. 应急物资配送

应急物流配送子系统是在突发事件预警与爆发后，临时在事件地与周边地区建立起来的物资中转站。其承担救援物资收集、储存、转运等职能，以及末端负责分发救援物资、收集灾区物资需求信息工作。应急物流配送子系统应设置在交通便利的地点，具有可扩展性。同时，该系统负责可重复利用物资的回收和清理工作。通过配送中心，可以提高社会捐赠物资的救助效果，避免无效救援。

第二节　应急供应链系统的构建

现代供应链管理正迅速发展，日益成为社会关注的焦点。从近年来的突发事件应对中，我们发现了应急供应链的脆弱性，以及在物资保障方面存在的不足，这些挑战促使我们深思并解决应急供应链管理中存在的问题。强化应急供应链管理不仅是促进应急产业成长的关键，也是提高应急保障能力和降低供应链总成本的有效途径。

一、应急供应链管理的内涵

首先介绍应急供应链和应急供应链管理的概念，以及应急供应链管理的主要目标。

（一）应急供应链的概念

从狭义上讲，应急供应链是指围绕应急物资供应部门，从应急物资研发开始，经生产、筹措、运输、储备、包装、维护保养、配送等环节，将各级应急物资供应部门及相关单位直至应急物资最终保障对象连接成一个整体的功能网链。广义的应急供应链是指围绕应急物资保障，从应急保障源头单位开始，经过各保障环节，最终将各种应急保障资源交付给最终保障对象，形成一个整体的功能网络结构模式。应急供应链是一个由应急物资保障的所有成员单位基于共同应急目标组成的"虚拟组织"，既包含应急物流活动，同时也涉及应急供应链的资金流、信息流、业务流等活动。

（二）应急供应链管理的概念

应急供应链管理是对整个应急供应链及其各成员单位进行广泛应用现代信息技术的系统管理。它是对应急供应链整体及其各成员单位的全要素、全过程的管理模式。应急供应链管理比应急物资供应管理、应急配送管理、应急物流管理等概念更为广泛，涵盖了这些相互交叉的管理范畴。应急供应链管理既将构成应急供应链的各种实体单位视为一个虚拟的系统整体，又把应急供应链上的各个业务环节视为一个整体的功能过程。通过信息集成、横向集成和纵向集成的过程，优化配置各种应急资源，最终构建一体化的应急供应链。

（三）应急供应链管理的主要目标

应急供应链管理的目标是从系统和全局的角度出发，通过科学管理，寻求建立应急供应链上各成员单位的紧密协作关系，以便最大限度地减少内耗和浪费，追求应急供应链整体保障效率的最优化。具体目标包括以下几点：

1. 最终保障对象服务最优化

应急供应链管理的本质是为整个应急供应链的有效运作提供高水平的服务。由于服务水平与成本费用之间存在悖反关系，要建立一个效率高、效果好的应急供应链网络结构系统，就必须考虑总成本与最终保障对象服务水平之间的均衡配置。应急供应链管理以最终保障对象为中心，最终保障对象满意度是应急供应链高效运行的关键。因此，应急供应链管理的主要目标是以最小化的总费用实现整个应急供应链最终保障对象服务水平的最优化。

2. 应急供应链总储备适度化

"零库存"是企业供应链的理想状态，但由于应急事件的突发性特点，平时必须拥有一定规模的应急储备。因此，应急供应链总储备适度化目标的实现不能仅控制单个成员单位的储备水平,而是必须实现对整个应急供应链的储备水平的最优控制。

3. 总周期时间最短化

从某种意义上说,供应链之间的竞争实质上是基于时间的竞争。应急供应链与普通企业供应链相比,其对快速反应的要求更高。最大限度地缩短从应急保障资源最终保障对象提出需求、应急保障部门发出订单到获取满意交货的整个应急供应链的总周期时间已成为应急供应链顺畅运行的关键因素之一。

4. 应急保障质量最优化

应急供应链管理下的应急保障质量的好坏直接关系到应急供应链的存亡。如果在所有业务过程完成以后,发现提供给最终保障对象的应急物资存在质量缺陷,就意味着所有的付出将不会得到任何价值补偿,应急供应链的所有业务活动都会变为非增值活动,从而导致无法实现整个应急供应链的价值。因此,达到并保持应急保障质量的高水平也是应急供应链管理的重要目标。而这一目标的实现,必须从应急保障资源的零缺陷开始,直至应急供应链管理全过程、全人员、全方位质量的最优化。

5. 应急供应链总成本最小化

筹措成本、生产成本、运输成本、储备成本、配送成本以及应急供应链的其他成本费用都是相互关联的。因此,为了实现有效的应急供应链管理，必须将应急供应链各成员单位作为一个有机整体来考虑，并使整个应急供应链的保障过程之间达到高度均衡。从这一意义出发，总成本最小化目标并不是指筹措成本、运输费用或储备成本，或其他任何应急供应链运作与管理活动的成本最小化，而是整个应急供应链运作与管理的所有成本的总和最小化。

从传统的管理思想来看，上述目标相互之间呈现出悖反效应：最终保障对象服务水平的提高、总周期时间的缩短、交货质量的改善必然以储备的增加、成本的上升为前提，而无法同时达到最优。应急供应链各目标间存在冲突。然而，通过运用应急供应链的集成化管理思想，从系统的观点出发，提高保障质量、缩短周期时间与削减储备、降低成本是可以兼得的。最终实现将最终保障对象所需的正确的应急保障资源能够以适当的价格，在准确的时间，按照正确的数量、过硬的质量和正确的状态，送到正确的地点。

二、应急供应链物流系统的类别

（一）以经济因素为基准的应急供应链物流系统

这类系统的波动主要由供应链所面临的市场经济环境引起，包括供应、需求、价格的波动，以及信息误差和人为商业失误等。这些因素可能会导致物流资源短缺，进而影响供应链的正常运作。这些扰动属于"软环境"

因素，但供应链的物流渠道本身并不受其直接影响，并且能够在一定程度上保持稳定运行。因此，针对这类应急情况，关键是要打破物流资源短缺的瓶颈，整合并扩展企业的物流资源，提升供应链的应急柔性，从而加快市场响应速度。这类应急供应链物流系统本质上属于商业运作范畴，并不是本书探讨的重点。

（二）以非经济因素为基准的应急供应链物流系统

该系统面临的扰动因素通常是不可控的外部力量，如自然灾害、政府政策限制、社会突发事件、物流过程中的事故等，这些都属于"硬环境"扰动。这类扰动会导致常态下的供应链物流渠道中断，因此需要临时建立新的应急物流渠道以保障供应链的流畅。所以，应对这类应急情况的核心是迅速构建新的物流通道，选择恰当的物流节点和线路，以确保供应链物流渠道的高效运转。

三、应急供应链物流系统的设计

（一）设计应急供应链物流系统的原则

在设计应急供应链物流系统时，应遵循以下几个关键原则：

1. 简洁性原则

为了确保供应链能够迅速对扰动因素做出反应，设计时应简化供应链的组织结构和业务流程，以提升决策效率。这样的优化有助于实现从生产到分销的全过程精益管理。

2. 动态性原则

通过加强供应链关键成员之间的信息互动，可以提高供应链的动态性和透明度，这是减少供应链内部运作的不确定性和简化操作流程的关键。

3. 开放性原则

当供应链面临扰动因素时，原有的供应链可能会失效，原因可能包括资源、能力和时间的约束。因此，供应链需要更加开放，通过扩展供应链的范围来消除或减少这些约束。

4. 集成性原则

集成性原则要求在组织、信息、决策、业务流程和产能等方面实现高度集成。这样做的目的是增强供应链运作的紧密性和实现功能的扩展。

（二）设计基于经济因素的应急供应链物流系统逻辑模型

在经济快速发展的背景下，供应链面临的市场外部环境的不确定性日益增加，导致供应链运作中断的风险上升。为了确保供应链的稳定性，供应链的柔性成为关键。供应链柔性指的是供应链成员调整运作策略以适应环境变化，减少不确定性。这包括信息共享、组织融合、决策协同、资源整合、关系集成和核心能力互补等方面。经济因素导致的供应链物流系统扰动通常涉及软环境因素的突然变化，这就要求供应链能够以更精细的流程运行，以增强供应链的柔性。

基于经济因素的应急供应链物流系统是一个集成化的系统，它在核心企业的应急物流管理中心的协同管理下，能够迅速适应非常态资源的参与。该系统的建设重点包括以下几个方面：

第一，应急物流管理中心是供应链的核心，它负责三个层面的柔性机制：战略层、战术层和执行层。

战略层柔性机制涉及战略和资源柔性。战略柔性是指供应链能够迅速从常态转向应急状态的能力，为战术层和执行层的柔性机制提供指导。资源柔性是指供应链能够在更广泛的市场上整合优质资源，以支持供应链的柔性运作。具体的策略包括将外部资源供应源分为直接和潜在供应源，以及在建立战略伙伴关系时，将直接供应源作为常态运作的主要对象、潜在供应源作为非常态运作的主要对象。此外，还需要设置必要的供应链"冗余"资源，类似于库存中的安全库存。

战术层柔性机制包括计划柔性和协调柔性。计划柔性是实现战略柔性的保障，通过灵活的计划为执行层提供资源安排和业务过程的柔性化。协调柔性主要是指协调机制的可变性，能够迅速针对不同的冲突采取个性化的措施，以降低冲突的程度。

执行层柔性机制主要表现为采购柔性和响应柔性。采购柔性涉及价格、数量和采购提前期的柔性,以便与上游供应商实现快速协同。响应柔性则是指企业内部流程之间的快速响应,以及对下游客户的快速响应能力。

第二,供应链合作伙伴可以根据市场竞争力和价值贡献度分为四类:战略合作伙伴、有影响力的合作伙伴、竞争性合作伙伴和普通合作伙伴。

在建立常态供应链时,核心企业可以将合作伙伴分为两个主要类别:一线合作伙伴和二线合作伙伴。一线合作伙伴是那些在常态供应链中与核心企业有战略合作关系的伙伴。二线合作伙伴则是在一线合作伙伴无法满足需求时的备选伙伴,他们包括竞争性合作伙伴、有影响力的合作伙伴和普通合作伙伴。二线合作伙伴与核心企业通过签订应急合作协议,形成以常态为基础、应急为重心的合作机制。这种机制包括签订储备合约、应急采购合约等,以替代实物储备。当合约中预设的紧急条件触发时,合约将自动执行。这种做法可以简化正常采购流程,节省时间,实现时间和空间效益的最大化。

第三,各供应链成员企业内部应设立应急物流管理中心。在非常态情况下,该中心将实行高度集权的决策模式,全权负责本环节的应急物流决策。核心企业的应急物流管理中心则负责整条供应链的应急物流计划、组织、领导和控制。这样可以减少中间环节,加快物流响应速度。基于这些建设要点，应急供应链物流系统能够从二线合作伙伴那里及时补充各种应急物资，确保供应链物流的连续性。由于集中决策和简化业务流程，应急物资的转移速度将加快，响应时间将缩短。在选择二线合作伙伴的位置时，可以考虑靠近产地或销地，以缩短常规物流渠道的长度。这样，在突发性扰动环境中，可以以最短路径、最快速度、最小代价来保障供应链运营物资的及时补充，减小供应链运营中断的风险。

（三）设计基于非经济因素的应急供应链物流系统逻辑模型

这类应急供应链物流系统面临的突发性和不可预见性都比经济因素扰动更强，通常表现为物流通道中断。在短时间内通过常态供应链物流系统恢复渠道功能的可能性不大，因此，必须选择新的运输方式、路线或网络节点来修补中断的常态物流渠道。

1.应对突发性自然灾害的应急供应链物流系统

突发性自然灾害主要表现为气候灾害（如洪涝、冰雪灾害）和地质灾害（如地震、泥石流、火山喷发灾害）。这些突发事件的特征是因不可抗自然力导致社会常态物流渠道大范围、长时间中断，因此构建这类应急物流通道的难度最大，成本也最高。从企业运营的微观角度来看，这些措施对降低受灾企业经济损失的直接指导作用有限。因为企业通常不属于灾害的第一时间受助对象，而且企业也无法依靠自身力量实施这些措施，只能被动等待政府力量恢复常态社会物流渠道后再调整企业自有商业物流渠道。在当今时间价值至上的经济社会，等待意味着丧失市场利润和空间。针对这种情况，供应链的应急物流系统建设模式有以下两种：

（1）采取"搭桥模式"绕过常态渠道的中断点

"搭桥模式"借鉴了医学中的"心脏搭桥"概念，即当某段心脏输血管道出现阻塞且无法疏通时，采取心脏搭桥术另接一根血管以绕过阻塞血管重新形成输血回路。同样地，常态物流渠道中断也可以采用这种模式实现物资转移的新"回路"。具体做法是，通过选择新的物流中转节点或采取三维立体运输方式重构物流回路。

该模式的应用条件是搭建"桥梁"的成本应小于其所带来的总收益，包括直接经济收益和间接社会效应收益。在运用这一模式时，需要注意以下两点：

第一，在选择新中转点时，应尽量选择那些能缩短总流程并可以实现快速转移的节点。通过多边市场治理或三边治理的方式，短时间内购买市场服务资源，从而实现成本最小化。

第二，在选择三维立体运输方式时，在确保经济性和时效性的前提下，应尽量选择"单式运输"，即单一运输方式。例如，当陆路运输系统受阻时，可以选择航空运输或水路运输，尽量少选择"多式联运"，以减少物流中转环节并节省周转时间。

（2）采取"自给模式"形成离散节点自满足运作

"自给模式"是一种局部闭环系统运行模式，通过将应急库存作为临时供应源来满足封闭节点内的物资需求。由于这种模式缺乏与外部相连的物流渠道，物资无法输入或输出，因此要保证封闭运行期间封闭节点的正常资源需求，只能依赖于预先储备的应急库存。

"自给模式"是供应链物流渠道在极端中断情况下采用的模式，其应用关键包括以下几个方面：

第一，完善信息预警机制。应急事件的发生往往有迹可循，如长时间的低温、大范围的降雨等。企业应关注这些与企业生产、经营活动密切相关的气候信息，根据自然环境的异常程度和持续周期调整库存策略，并在常态安全库存的基础上增加应急库存。应急库存是非固定的库存，是在达到预警条件后企业临时增加的库存。

第二，建立库存应急配给制度。由于物流渠道完全中断，现有应急库存成为唯一的供应源。因此，应根据物资需求方的重要程度和价值创造程度进行分类，优先满足关键需求和使用物资价值创造幅度大的需求源，以提高物资使用效率。

第三，建立潜在供应源关系储备。供应链节点成员应在当地及周边地区寻找潜在供应源，并建立契约关系。一旦应急事件发生，即可启用事先建立的企业关系，由本地或周边供应源提供所需资源。在建立潜在供应源契约关系的过程中，供应链核心企业可以利用自身强大的企业实力和具有良好的市场信誉代表节点成员企业建立关系。应急事件发生时，成员企业再根据核心企业的指示从潜在供应源获得所需资源。

2. 应对突发性社会危害事件和疫情的应急供应链物流系统

突发性社会危害事件是指罢工、恐怖袭击、事故灾难等社会影响广泛且严重威胁生命、财产和社会安全的突发事件。突发性疫情是指具有较强传染性并涉及广泛社会范围的重特大病毒传播事件，严重影响公众健康和生命安全，如非典和禽流感。这两类事件对供应链物流渠道的影响主要体现在政府管制上，即供应链物资转移的物理渠道是连通的，主要原因是政府的行政管制。因此，解决这类突发事件造成的供应链物流系统扰动的关键在于找到一条"绿色特别通道"。在这种突发性事件中，应急供应链物流系统的建设模式可以借鉴"搭桥模式"和"自给模式"，同时，还应注意以下两个方面：

（1）事先了解政府突发性公共事件应急预案。政府突发性公共事件应急预案是政府在事件发生后处理事件的指导准则。企业应事先了解政府在预案中可能采取的各种应急措施，以便做好应对准备。目前，许多企业并未做好事前的了解工作，导致在政府实施应急管制过程中被动应对，降低了企业应急处理工作的效率。

（2）与当地重点企业建立物流战略联盟关系。物流战略联盟是指以物流系统或物流业务为纽带，一般企业与重点企业开展共用物流或互用物流的合作关系，实现常态时物流资源的拓展和非常态时"绿色物流通道"的使用权。从当前中国企业的物流系统化建设来看，即使是大型企业集团，高昂的自建物流系统成本与低效的实际运营管理也给这些企业提高物流系统效率造成了很大障碍。另外，从当前企业供应链化运作的趋势来看，业务外包是一种以较低成本快速获得所需资源的捷径。互用或共用合作伙伴物流系统资源的方式是解决企业物流资源瓶颈的最快捷手段，也是当前中国企业发展自有物流系统的有效途径之一。

第三节 应急物流子系统

一、应急物流指挥系统

应急物流指挥系统是在国家或地区面临自然灾害、事故灾难、公共卫生和社会安全等突发公共危机时，为了有效地筹集、运输、调度和分配救援物资而设立的一个专门的物流指挥中心。我国需要根据政府架构和物流运作流程，建立一个常设的、专业的应急指挥中心，专门负责救灾指挥工作，确保应急物流的高效执行。

应急物流指挥中心由两部分组成：一是核心的本部，包括信息网络中心、专项物资管理中心和技术支持中心。二是加盟的应急物流中心和物流公司。本部作为核心，负责在灾害发生时协调各加盟物流中心进行救援运作。尽管本部不直接参与物资的采购、储存和运输等具体业务，但它负责根据收集到的信息对加盟物流中心的物资采购、储备和运输等进行指导，确保整个应急体系的有序运作。

应急物流指挥中心的领导机构负责中心的组织和管理，向上向政府部门和地区政府首脑汇报工作，向下负责整个中心的运作，确保中心正常运作。信息网络中心建立在政府公共信息平台之上，建立一个完善的应急物流公共信息网络平台，不仅要与地震、气象、卫生防疫、环保、交通等部门保持紧密联系，及时获取自然灾害、公共卫生、生产事故、环境污染、交通状况、应急物资需求等信息，还要不断更新数据库。物流中心和物流公司负责应急物资的存储和调度，确保物资能够迅速送达灾区。专项物资管理中心负责特定物资的筹备和管理，如医药、食品、救生设备等。技术支持中心为其他部门提供技术支持。

为了确保应急物流的顺畅执行，应急物流指挥中心的运作必须依赖强有力的政府职权，因此，它在机构性质上应被视为一个政府工作机构。它是政府救灾工作的执行机构，根据现代物流运作流程，依靠政策法规行使职能和开展工作，专门负责政府救灾物资的储存和运输。由于自然灾害和公共突发事件的不确定性，应急物流指挥中心应具备高度适应性、强大功能和灵敏反应，以便根据国家政策法规，组织众多商业物流中心和企业加盟，通过覆盖各加盟物流中心和企业的网络系统进行连接，依托政府公共信息平台，构建一个网络应急物流体系，负责信息发布和管理工作。在平时，应急物流指挥中心的工作重点是救灾物资的预测，维护网络安全，全面了解加盟物流中心和企业的状况，并建立供应商档案，掌握应急物资的生产和分布情况。商业物流中心和企业在平时进行正常商业活动，自主经营，不受应急物流中心的直接管理和干涉。在应急情况下，应急物流指挥中心根据相关政策和应急预案，紧急调动加盟企业的资源，组建一个现实的应急物流中心，参与应急救援工作。中心总体协调，但不直接从事具体的运输工作，而是将任务分配给各商业物流中心。

二、应急物流信息管理系统

高效的信息系统是应急物流必不可少的神经系统。完善的信息系统可以为应急物流提供准确、及时的灾害情况、物资储存和生产情况、运输资源等信息，从而有助于应急物流的辅助决策，并最大限度地压缩前置期。建立完善的信息网络系统包括信息采集、分析、决策三级信息处理，通过信息网络系统连接各级物流机关和各类保障单位，准确收集所需的基础数据，并不断更新数据库。在信息传输方面，充分利用现代信息网络的优势，使其具备快速上报和下传双向反馈、预警分析、指挥控制和可视功能。准确、全面、快速的信息处理与信息传递是应急物流组织指挥部门进行科学决策的前提。只有这样，才能对突发事件提供及时救助，并通过采取有效措施控制事态。

信息网络中心可以利用政府公共信息平台，建立完善的应急物流公共信息网络平台。这个平台可以与应急物流指挥系统的中心领导机构、各子系统以及相关的政府各部门和加盟物流中心或企业保持密切联系。应急物流信息管理系统还应成为政府向公众发布信息的权威平台和公众向政府反馈信息的有效渠道。

三、应急物流配送与运输系统

（一）应急物流配送系统

1. 配送概念及主要构成要素

配送是指在合理经济区域内，根据客户需求，对物品进行拣选、加工、包装、分割、组配等作业，并及时将物品送达指定地点的物流活动。配送作为物流中的一种特殊、综合活动形式,将商流与物流紧密结合,包含了物流活动和商流活动,以及物流中的多个功能要素。

从物流角度看,配送几乎涵盖了所有物流功能要素,是物流的一个缩影或小范围物流活动的全面体现。一般配送包括装卸、包装、保管、运输等环节,通过这些活动实现货物送达。特殊配送还需以加工活动为支撑,涉及更多方面。然而,配送的核心活动与一般物流有所不同,一般物流侧重于运输和保管,而配送侧重于运输和分拣配货。分拣配货是配送的独特要求,也是配送中有特点的活动,以送货为目的的运输是实现配送的主要手段,因此,配送常常被简化为运输的一种形式。

从商流角度看,配送与物流的不同之处在于,物流是商务分离的产物,而配送是商物合一的产物,配送本身就是一种商业形式。虽然配送在具体实施时,也有采用商务分离形式的情况,但从配送发展趋势来看,商流与物流结合越来越紧密,是配送成功的重要保障。配送活动涉及的环节具体如下:

(1)集货:将分散或小批量的物品集中起来,以便进行运输和配送作业。集货是配送的重要环节,为了满足特定客户的配送要求,有时需要将预订自几家甚至数十家供应商的物品集中,并将要求的物品分配到指定容器和场所。集货是配送的准备工作或基础工作,配送的优势之一就是可以集中客户的需求进行一定规模的集货。

(2)分拣:这是指将物品按品种、出入库先后顺序进行分门别类堆放的作业。分拣是配送不同于其他物流形式的功能要素,也是配送成败的重要支持性工作。它是完善送货、支持送货的准备性工作,是不同配送企业在送货时进行竞争和提高自身经济效益的必然延伸。因此,分拣是送货向高级形式发展的必然要求。有了分拣,会大大提高送货服务水平。

(3)配货:使用各种分拣选取设备和传输装置,将存放的物品按客户要求分拣出来,配备齐全,以便送达指定发货地点。

(4)配装:在单个客户配送数量不能达到车辆有效运载负荷时,需要将不同客户的配送货物集中搭配装载,以充分利用运能和运力。配装与一般送货的不同之处在于,通过配装送货可以大大提高送货水平及降低送货成本,因此,配装是配送系统中具有现代特点的功能要素,也是现代配送与送货的重要区别之一。

(5)配送运输:末端运输、支线运输和一般运输形态的主要区别在于配送运输是较短距离、较小规模、额度较高的运输形式,通常使用汽车作为运输工具。配送运输与干线运输的另一个区别在于,其路线选择问题是一般干线运输所没有的，干线运输的干线是唯一的运输线，而配送运输由于配送客户多、城市交通路线较复杂，需要考虑如何组合成最佳路线、如何使配装和路线有效搭配等问题，这是配送运输的特点，也是难度较大的工作。

（6）送达服务：配送独有的特性是将配好的货物运输到客户处，但这并不是配送工作的结束。因为送达货物和客户收货往往会存在不协调，导致配送前功尽弃。因此，圆满地实现运输货物的移交，有效、方便地处理相关手续并完成结算，还应讲究卸货地点、卸货方式等。

（7）配送加工：根据配送客户的要求进行流通加工。在配送中，配送加工这一功能要素并不具有普遍性，但又非常重要。通过配送加工，可以大大提高客户的满意程度。配送加工是流通加工的一种，但配送加工有其不同于流通加工的特点，即配送加工一般只取决于客户要求，其加工目的较为单一。

2. 应急配送系统的意义与作用

应急配送是指在突发性自然灾害、突发性公共卫生事件、突发事故、重大险情和战争发生后，对急需物资进行拣选、包装、加工等作业，并按时送达指定地点的物流活动。应急物资配送在灾害救急、减少伤亡、处理灾情等方面具有重要意义。

（1）应急配送对于完善整个应急物流系统具有特别重要的意义。应急物资配送是应急物流末端的环节。相对于应急物资运输而言，配送处于支线运输，具有较高的适应性、灵活性和可变性。它能将支线运输与搬运结合起来，优化和完善了运输过程，是应急物流实现最终目标的有效途径。

（2）应急配送提高了应急保障的效率。应急配送根据灾区需求，对各种应急物资进行拣选、包装、加工和重新配发，确保按需发放、避免重复交叉，从而提高应急保障的效率。

（3）应急物资的配送有利于应急指挥机构统一协调、统一部署、统一分配，合理配置应急资源，增强应急保障能力。

3.应急配送方式

应急配送方式主要包括以下六种：

（1）定时配送：按照固定时间间隔进行应急物资的配送。这种配送方式时间固定，有利于应急指挥机构安排工作、制订计划。配送的应急物资多为阶段性的消耗品，如生命支持类、环保处理类、燃料类物资等类别的物资。

（2）定量配送：每次配送时按照固定数量进行配送。这种配送方式可以将物资集中发往不同地方，提高配送效率。可以由上级指挥机构向下级机构配送，也可以由应急物流配送中心直接向前方配送。定量配送的物资多为不易消耗的工程建材、工程设备、救援运载工具、防护用品等。

（3）定时定量配送：在规定时间内按照规定数量向灾区进行配送。这种配送方式特殊性强，有一定难度，需要精心组织、合理筹划。定时定量配送的物资为日常易消耗品，如食物、药品、油料等。

（4）及时配送：根据灾情变化及时安排应急物资配送，灵活机动，操作性强，但难度较大。要求各部门、各机构密切配合、共同协作，是应急配送的较高形式。及时配送的物资多为紧急类物资，如生命救助类的疫苗、药品，专用物资类的特种设备和器材等。

（5）超前配送：在灾情发生前，根据现代科学技术对可能发生的灾害进行预报、预测，提前安排应急物资的配送。超前配送是应急物资配送的高级形式，是应急救灾的重要保证，具有超前性，可以大大增强应急抗灾能力。超前配送的物资多为抗灾减灾物资，如工程建材设备、防护用品、救援工具等。

（6）综合配送：综合配送是指以上多种配送方式同时进行，以实现应急物流目标为根本目的的配送方式。其具有灵活、方便、配送物资范围广、节省时间等优点。应急物资按用途可分为13类，分别为：交通运输类、工程建材类、防护类、生命救助类、生命支持类、通信广播类、照明设备类、器材工具类、工程设备类、救援运载类、临时食宿类、环保处理类、动力燃料类。按使用的紧急状况可分为一般级、严重级和紧急级三级。按使用范围可分为通用类和专用类两类。

4. 应急配送系统架构

应急物流系统的功能能否最终实现，取决于应急物流配送系统能否及时、准确地将相应物资输送到目的地。这可以通过以下两个途径实现：一是有效整合社会资源，与国内网络覆盖面广、硬软件设施齐备、行业信誉度高的大型专业物流企业签订协议，以取得他们的帮助。二是大胆尝试"军地物流一体化"的应急物流模式，对军地物流资源进行有效整合和优化，以实现军地物流兼容部分的高度统一、相互融合、协调发展。

在灾害发生时，应快速收集供应点和灾区的相关信息，根据物资需求的迫切性进行聚类分组，并根据供需状况评估，确定供需是否平衡、供给能否满足灾区需求。如供需平衡，则建立科学的配送模式进行配送；相反，应确定供需失衡时的配送权重并组织配送。最后，还需判断是否所有灾区的需求都得到满足，若未满足，则将本期未满足的需求累积到下一期做规划，直到所有灾区需求被满足为止。

（1）灾区需求属性聚类：灾害发生往往是突然发生的，各灾区受灾程度、人口结构不同，导致物资需求的数量、种类、迫切性不同。为充分表示各个灾区需求的急迫性，应将各灾区对物资的需求量、伤亡人数及灾区受灾严重程度等属性作为分组的依据，运用相应的聚类分析方法（如模糊聚类）对灾区需求属性进行聚类分析，以针对不同种群的需求进行有效配送。

（2）群组排序：将所有灾区分组后，需进行排序操作，确定各群组的紧急程度及配送优先次序。排序时可以以第一阶段各属性中的原始数据进行变换处理所得的评分作为该项模糊评估准则的效用值，并以各效用值平均数总和的高低作为评估其处理优先级的依据。

（3）供需失衡配送准则：灾害发生往往是突发且不可预知的。灾害发生后，政府在从平时的战备储备或民间紧急调派物资的同时，仍有可能在灾害发生初期面临车队规模及物资集结数量无法满足整体系统所需的情况，因此在规划时有供需失衡的情形发生。为满足灾区需求的急迫性，应制定相应的供需失衡时的配送准则，针对不同情况，制定不同的配送方案。

（4）配送模式构建：灾害发生时，如果没有一个有效的指挥配送系统，会导致民众任意配送物资到灾区，大量物资供给、配送及发放作业无专人或专业单位进行有组织的调派，从而导致救援物资供需失衡。同时，由于救灾捐赠物资没有专人清理分类，导致到达灾区的物资良莠不齐，除了会增加物资运输、发放人员的负担，也会造成救灾资源的浪费以及灾民的不满，直接影响救灾效果。因此，需要对各供给点及区域型配送中心进行科学合理的规划，建立起以实现各供应点和区域性配送中心之间配送时间的最小化为目标的物流配送指派模式。

在灾害发生时，各地区受创程度、伤亡人数及灾区范围大小的不同导致对物资的需求急迫性也有所不同。在这一阶段，要根据各灾区的紧迫性，构建相应的物流配送模式，以尽可能满足最急迫灾区的需要。

此外，灾害发生往往会造成社会的混乱并危及人民的生活。在这种混乱环境下，紧急救灾中心往往无法在第一时间完全掌握灾区的信息。因此，在此之前救灾单位应化被动为主动，事先建立相应的基本预测模式，在初期信息不完全时估计各灾区的可能需求，作为各救援单位的配送参考，以便进行救灾物资的有效配送。

5. 应急配送的三个对策：

（1）采取灵活的配送方式，科学确定配送需求指标体系。在应急物流配送时，充分利用网络信息，研究用户需求特点，选出对配送影响较大的需求指标，并根据各指标不同的侧重点，运用系统工程原理，确定科学的权数，构建完善的需求指标体系。然后根据不同的需求指标确定三级预警体系，分别为一般级、严重级、紧急级。对每个预警级别采取相应的配送方式，实施有效的配送服务。具体实施应急物流配送时，应结合实际情况采取灵活的配送方式。应加强协同式配送，打破条块分割，整合社会资源，变单个企业"孤军作战"为全行业联合配送。对突发性事件实施配送时，根据用户的动态需求，及时调整配送战略，实施伴随式、跟进式配送。当紧急级预警体系启动时，企业的经济利益应服务于国家的政治利益，采取超常规配送方式，综合利用先进的运输手段，如空中定点投送等，为国家的战略性决策提供实时、不间断的物流配送。整个社会物流配送系统通过个性化的应急物流配送，确保物资供应，对稳定社会秩序、维护公共安全、保证国家经济建设的稳步发展起着重要作用。

（2）充分利用电子商务平台。应急物流配送条件下的电子商务与传统电子商务相比更应突出其配送的反应速度，应着重优化电子商务系统的应急物流配送网络，重新设计适合应急物流配送的流通渠道，以减少物流环节，简化物流过程，提高应急物流配送的快速反应性能。可考虑构建最容易和配送紧密结合的电子商务类型，即第三方电子商务。由于第三方电子商务可以统筹多个用户和多个供应商的物流，很容易汇集成较大的流通规模，实现规模效益，从而为应急物流采用多样化的配送方式创造了条件。目前，我国电子商务的瓶颈主要表现为在网上实现商流活动之后，欠缺有效的社会物流配送系统提供低成本的、适时的、适量的实物配送服务。如果这个瓶颈解决不好，必然会给应急物流配送增加难度，所以要根据我国现状，有针对性地打好应急物流配送"服务牌"。

（3）加强应急物流配送的法规建设，加大配送体系的监管力度。实践证明，缺乏健全的法律法规建设，应急物流配送活动将无法正常开展，甚至可能导致不可估量的损失和国家安全问题。应急物流配送的法规建设应从以下四个方面进行制定和实施：

第一，抓好与应急物流配送相关的配套法律法规建设。当前，物流业已有基本完整的法律法规，但随着电子商务的快速发展，物流运作程序不断发生变化。应急物流配送具有特殊性，因此迫切需要制定相关的配套法规。例如，制定应急交通运输法律法规、应急电子商务法律法规等。

第二，完善应急物流配送的各项规章制度。"没有规矩不成方圆"，如果没有一整套完善的规章制度做保证，电子商务在应急物流配送中的应用将是"无源之水，无本之木"。应急物流配送涉及多个方面，因此需要制定相应的规章，使应急物流配送体系有法可依、有章可循，保证应急物流配送高效、有序地进行。

第三，加大对应急物流配送的监管力度。对于那些利用国家困难大发"国难财"的不法商人，应依法处置。平时利用我国的企业及个人信用查询网络，将有不良记录的商家列入黑名单，定期更新数据库，保持与国家数据库的同步更新。

第四，政府可以通过应急物流指挥中心，结合实际情况，整合现有的社会资源，联合配送行业内信誉高、价格合理的物流企业进行协同式配送。此外，还可以通过大型物流企业已建立起来的供应链、连锁网络组织将应急物品投放市场。在紧急情况下，可与军方联系协调救灾抢险事宜，动用军用运输装备、军用运输专用线路及相关设施，实现应急物资的快速配送。在应对危机时，政府可根据应急工作的需要，通过行政手段和舆论动员人民群众参与应急工作，组织地方干部、民兵、部队、公安、志愿者、防疫人员、医务人员等多方力量，以最快的速度将应急物资发放到受灾地区，保证应急物流配送的速度和广度。

（二）应急物流运输系统

1. 物流运输方式及其比较

（1）公路运输：主要采用汽车和其他车辆（如人力、畜力车）在公路上进行货物运输。公路运输适用于近距离、小批量货物运输，以及水运和铁路运输难以覆盖的地区。其优点是灵活性强、建设周期短、投资较低、易于因地制宜，对收货站设施要求不高，可以实现"门到门"运输。公路运输也可作为其他运输方式的衔接手段。经济里程一般在200千米以内。

（2）铁路运输：利用铁路列车进行客货运输。铁路运输主要承担长距离、大批量货物运输，在缺乏水运条件的地区，几乎所有大批量货物都依靠铁路运输。铁路运输的优点是速度快、受自然条件影响较小、载运量大、运输成本较低；主要缺点是灵活性较差，需要在固定线路上运输，需要与其他运输手段配合和衔接。经济里程一般在200千米以上。

（3）水路运输：利用船舶进行货物运输。水运主要承载大批量、长距离运输。在内河和沿海地区，水运也常作为小型运输工具使用，负责补充和衔接大批量干线运输任务。水运优点是成本低，能进行大批量、远距离运输；缺点是运输速度慢，受港口、水位、季节、气候影响较大，中断运输时间较长。水运包括沿海运输、近海运输、远洋运输和内河运输。

（4）航空运输：利用飞机或其他航空器进行运输。航空运输主要适用于价值高、运费承担能力强和紧急需要的物资。其优点是速度快、不受地形限制。在火车、汽车无法到达的地区，航空运输具有特殊意义。

（5）管道运输：利用管道输送气体、液体和粉状固体。管道运输的优点是运输过程中可以避免散失、丢失等损失，运输量大，适合大需求量且要求连续不断运送的物资。

2. 应急物流运输的特点、实施原则和目标

应急物流运输是指以提供重大自然灾害、突发性公共卫生事件及公共安全事件等突发性事件所需应急物资为目的，以追求时间效益最大化和灾害损失最小化为目标的特殊运输活动。在危机发生时，应急物流运输是对物资、人员、资金等需求进行紧急保障的特殊运输活动，与一般运输行为相比，具有以下三个特点：

（1）弱经济性。应急运输活动的目标不再是追求物资运输的经济效益，而是在最快将救援物资运输到目的地的前提下实现运输成本最小化。

（2）突发性和不确定性。由于自然灾害和突发公共事件的突发性和规模、种类的不确定性，应急运输在启动时间上也具有突发性特点，而可供使用的运输车辆数、运输车辆类型等会随着突发事件的发展而变化，具有不确定性。

（3）非常规性。应急运输活动是由政府组织的非常规性活动，运输中需要的车辆通常是由政府按照应急预案临时向社会团体或个人征用而来的。这主要有两个原因：一方面，突发公共事件可能导致短时间内产生大量的应急运输需求，仅依靠该区域的应急运输储备运力无法满足应急运输需求。另一方面，选择和掌握全社会的各种专业运输资源，充分利用专业运输企业的运输力量，能够提高应急运输保障的效率。

以上特点决定了实施应急运输应遵循以下两个原则：

第一，时间效益优先于经济效益。应急运输的突发性和弱经济性决定了在应急运输实施过程中，时间效益应优先于经济效益。应急运输的目标是用适当的运输工具在最短的时间内将应急物资运送到需求地，以实现社会效益最大化而非经济效益最大化。

第二，市场机制、行政机制与法律机制并行。应急运输主要针对突发性和灾难性自然或社会公共危害，因此在实施过程中，不仅需要依靠市场机制，还需要依靠行政机制和法律机制。

应急物资运输保障应具有以下三大目标：安全性目标、快捷性目标和节约性目标。①安全性目标，即在整个运输过程中确保应急物资损失最小化。②快捷性目标，即在应对重大自然灾害和突发性公共事件时，应急物资运输应具有较强的快速反应和运输能力。③节约性目标，即在应急物资运输整个过程中考虑经济效益，避免浪费。

3. 各种运输方式保障机制

应急物流特性决定了运输环节的重要性和特殊性。在运输方式和路径决策中，其关键目标已不再是成本最低，而是有效压缩应急物资运输时间。应根据物资价值、数量和对运输条件的要求，选择适当的运输方式，尽量实现直达运输和联合运输。在灾难发生时，可以考虑开辟绿色通道，以确保物资运输渠道畅通，如简化检验检疫手续和实行优先运输等。如果时间允许，可以采取相关辅助或优化措施，以节约物流成本，保障应急物流系统的高效运作。

（1）应急运输通信与信息保障：在突发公共事件应急管理过程中，及时发布信息和整合各种应急资源需要强大的通信与信息系统做保障，高效的通信与信息系统是应急运输保障的重要支撑和神经中枢。通信与信息系统的建设不仅包括软硬件或网络建设，更重要的是获取信息、处理信息的能力和利用信息对突发事件的调控能力。

①构建应急运输保障通信与信息平台：建立有线与无线相结合、基础电信网络与机动通信系统相配套、公用通信网和交通专用通信网络相结合的应急运输指挥信息系统。应急运输保障通信与信息平台包括通信平台和信息平台。此平台既可以作为政府决策、应急运输指挥调度和向公众发布信息的场所，也可以作为公众向政府反馈信息的渠道。通信平台包括固定与移动电话、无线通信、传真、短信、可视与卫星电话、卫星定位等，并可以依托交通系统电子政务网络和公共信息网络等政府公共通信信息平台实现信息的交互；信息平台包括信息采集、分析和决策三级信息处理功能。建立应急运输保障基础数据库，并使数据库不断得到补充和更新，可准确、及时、完备地发布政府公告、相关法规、灾害、气象、交通以及应急运输供求情况等方面的最新动态，使公众及时得到全面、可靠的应急运输保障方面的信息。

②建立标准化和一体化的应急指挥信息系统：面对公路交通应急保障的四级组织指挥架构和领域广泛、庞大繁杂的信息需求，建设全国统一的

标准化、规范化的公路交通应急指挥信息系统，并与其他电子政务系统无缝对接，成为政府电子政务系统的重要组成部分。该系统将有利于应急保障工作的分级响应、联动协作机制的建立。目前，应尽快开展应急信息系统软件及其标准的研制工作，以软件和标准化推进应急信息系统的建设；进一步规范各级应急信息系统的体系结构、软硬件平台、数据库结构、应用系统功能；建立统一、规范的系统建设程序和验收规范，指导应急信息系统的开发和建设，实现应急信息系统的互通互联、信息共享，避免重复建设。

（2）应急运输队伍与装备保障：应急运输队伍及其装备是应急运输的重要保障。由于突发公共事件涉及范围广，且往往相互交叉关联，易引发次生、衍生事件，因此应急运输种类繁多。需要根据各类突发公共事件的性质和要求，配备相应的运输保障人员和装备，并制定不同的应急运输保障方案。根据我国交通运输管理体制和运输特征，构建以地市为基本单元的第一处置、第二处置和增援队伍组成的三级应急运输保障队伍，并结合所辖区域的突发公共事件特征和地域状况合理布局，以缩短应急响应时间，提高应急运输效率，减少突发公共事件造成的损失。部、省级应急运输保障队伍分别从省级和所辖地市级第一处置队伍中选择部分队伍进行组建。

（3）技术支撑保障：应急运输的不确定性、多样性和时效性特征，决定了预案、基础数据支撑和运输保障技术等技术储备对提高应急运输效率具有十分重要的作用。

①预案保障：应急运输预案应具备通用性和长期性，同时注重可操作性和实用性，以真正发挥应急运输预案在突发事件应急行动中的指导作用。由于应急运输涉及各种突发公共事件，应急运输的环境、条件和货物品类千差万别，导致应急运输的组织、处置技术、运输方案和车辆装备存在差异性。因此，应急运输保障指挥机构应结合所辖区域内突发公共事件的类型与特征，制定各种可能发生的突发公共事件应急运输保障预案，既要保持预案的完整性，涵盖应急运输的组织机构、预测与预警、应急响应、善后处置、信息发布、应急保障、监督管理等各个方面，又要模拟各种突发事件的情景，尽量细化和明确各机构及其运输队伍的职责、权限、响应流程和时效、处置技术与手段、安全防护、应急运输保障队伍的建设等各个方面，使预案更具可操作性。随着应急运输保障技术的发展和应急运输实践经验的积累，应及时修订和完善各类应急运输预案，使其更好地满足突发公共事件的要求，提高应急运输保障的科学水平。

②基础数据与科技支撑保障：应急运输保障涉及经济社会的方方面面，

是一个庞大的系统工程。它不仅信息量巨大，系统结构复杂、层次多，而且时间要求高。因此，建立和完善应急运输信息数据库，强化应急科研和应用水平是十分必要的。

第三章 应急物资管理

在社会发展过程中,突发公共事件的发生是不确定且不可避免的。近年来,我国频繁遭受灾害,尤其是2008年南方雨雪冰冻灾害和"5·12"汶川大地震等重大自然灾害,给人民生命财产和社会经济带来了巨大损失。如何应对各种自然灾害并有效控制,尽量减少损失并防止灾害扩大,是我国当前面临的重要问题。因此,提高社会应急管理水平是我国当前发展的必然要求,而应急物资是应急救援工作的基础和保障。充足的储备量、合理的储备结构、规范的库存管理、适宜的储备布局和有效的运输调度,有助于充分利用有限的人力、物力和财力,提高应急管理工作的效率,并将危害降到最低程度。

第一节 应急物资的发放需求预测

应急物资的发放需求预测是应急物资管理的前提和基础,本节着重分析应急物资需求的特点,并在此基础上对其做出预测。

一、应急物资需求概述

（一）应急物资需求

应急物资需求是指国家在有效应对突发公共事件时所需的最小物资水平。这里的"有效"意味着应对突发事件的效益高，物资使用效率也高；"最低"是指在成功应对突发事件的条件下，所需的最小数量。因此，物资需求的确定包含优化思想，即在给定突发事件类型、强度等条件下，成功应对突发事件的最少物资需求量。

（二）应急物资需求的内容

应急物资需求可以从三个角度进行表述和衡量，分别是物资的数量需求、物资的质量需求和物资的结构需求。

1. 物资的数量需求

物资的数量需求是指在突发事件发生后，为有效应对所需的最小物资需求量。通常用物资数量大小来描述，如"某次地震事件中需要粮食100吨、棉衣500件"等。物资数量需求的大小通常与突发事件的大小、烈度及突发事件的发生环境有关。一般来说，突发事件级别越高、影响范围越大、事发周围人口密度越大，造成的社会经济损失就越大，物资需求的数量也就越大。

2. 物资的质量需求

物资需求不仅涉及数量，还涉及质量。一定数量的物资需求总是建立在一定的质量需求基础上的。物资的质量需求包括对物资的准时性、可靠性及成本等方面的要求。突发公共事件的性质、可能造成的危害、发生的规模、应对方式等因素都会影响到物资的质量需求。

3. 物资的结构需求

物资的数量和质量需求无法完全反映物资的整体需求状况，还必须研究物资的结构需求。物资的结构需求主要指各类物资之间的结构比例关系，通常用一个相对的指标来刻画这种关系。例如，在抗击非典过程中，不仅要考虑口罩的需求量，还要考虑口罩与棉花的关系。在对伤员进行紧急抢救时，只有药品是不够的，还需要一定比例的配套医疗器械。不同类型的物资之间存在一定比例的相关性。突发事件的类型通常决定着物资的结构需求，不同类型的突发事件需要不同种类的物资需求组合。

综合考虑物资的数量、质量和结构需求，对物资需求进行分析是非常复杂的。目前，人们在确定物资需求时，仍以主观经验判断为主，这样容易导致需求不合理，使得后续动员相对过度或不足，造成经济资源浪费。因此，迫切需要运用科学的预测方法实现物资需求预测的模型化。

（三）应急物资需求特点

应急物资需求的特点主要体现在与传统物资需求在突发性、不确定性、时效性等方面的区别。

1. 突发性

突发公共事件的显著特点之一是突发性，即能在短时间内造成巨大破坏或影响。由于平时无法储备全部所需物资，物资需求在短时间内由正常需求跳跃为非正常需求，导致物资相对短缺。随着物资动员活动的开展和突发事件的成功应对，物资需求会逐渐恢复正常需求状态。

2. 不确定性

突发事件发生后，往往无法用常规规则进行判断，信息存在严重的不充分、不及时、不全面或不准确现象。人们无法在事前准确估计全部的物资需求，因此，得出的物资需求具有高度不确定性。

3. 时效性

由于突发事件特性，物资需求必须在较短时间内得到满足。物资需求具有很强的时效性，突发事件可能造成的损失与物资需求能否及时满足存在一定相关性。这要求物资动员能够做到快速、及时、准确。突发事件管理属于公共行为管理，是一种特殊类型的社会经济活动。在紧急状态下，为应对突发事件制定的物资需求具有一定的法律性和强制性，与商业物资需求相比，应急物资需求更具有社会性特点。

二、应急物资需求预测

（一）传统预测方法概述

1. 预测的发展情况

预测作为一种探索未来的活动，在古代就已经出现，但作为一门科学的预测学，则是随着科学技术的高度发达在20世纪初才产生。如今，预测技术作为一门较为成熟的技术，已被广泛应用于各个层次和领域。

预测手段在国外有很多应用。法国政府采用长期预测来指导国家制订发展计划，为法国经济建设提供了具有重大意义的长远发展依据。美国为研究能源政策、制定能源规划，开展了大规模的能源预测活动，并组织专家进行能源预测研究和评估。日本政府在实行宏观经济管理时，采用专家咨询法进行大规模的经济发展预测，为日本政府制定长远规划提供了科学依据。印度政府在20世纪90年代为促进社会经济的发展，对解决食物问题、保健和计划生育以及能源开采方面都进行了大规模的预测活动。

在我国，预测作为一门专门科学和专项工作，自20世纪80年代以来得到了高度重视和发展。国家在人口、社会经济、科学技术、能源、工农业及人才等方面都充分发挥了预测的巨大作用。随着对预测方法的深入研究，智能化的预测方法将成为未来预测发展的一个重要方向。

2. 预测方法分类

尽管预测方法众多，但迄今为止，尚未形成一个统一的、完整的和普遍适用的分类体系。苏联的秋也夫等在《过程的定量特性预测》一书中将预测方法分为启发式预测和数学模型预测；苏联的道勃罗夫在《科学和技术预测》一书中将预测方法分为专家评估法、趋势外推法和模型法；美国的琼斯（J.Jones）和特维斯（B.Twiss）在《计划决策中技术预测》一书中根据预测要素将预测方法分为定性预测、定量预测、定时预测和概率预测；美国的詹奇（Janch）在《远景中的技术预测》一书中将预测方法分为直观性预测、探索性预测、目标预测和反馈性预测。

目前，我国较通用的分类方法是将预测方法分为定性预测、时间序列和因果关系三类，其中时间序列和因果关系属于定量方法。

预测方法的选择对最终的预测结果具有关键作用。对于同一个预测目标，采用不同的预测方法可能得到大致相同的结果，也可能在相同假设条件下得到不同的预测结果，这取决于决策者的主观经验判断和对预测模型的选择。决策者根据对预测结果的评价意见，从各种预测方案中选择出最佳的预测方法或预测值作为最终方案评价和决策的依据。

智能化的预测方法已成为预测方法的一个重要发展方向，许多智能决策支持系统已采用了智能化的预测方法。许多学者从不同层次、不同角度对智能预测方法进行了研究，取得了一些研究成果。

目前，应急物资需求预测仍以专家经验判断为主，尚无成熟的预测方法。加上突发事件具有非例行性、不确定性等特点，使得应急物资需求预测研究的难度更大。然而，在突发事件类型相同、发生环境相似、处理方式相同的前提下，应急物资的需求也是相近的。这是国民经济动员管理人员和专家根据以往经验或类似事件对应急物资需求进行预测时遵循的一个基本原则。因此，可将过去同类突发事件发生时所对应的物资需求作为一个物资需求案例，利用相似性原理对物资需求进行预测和推断。

（二）基于案例推理的应急物资需求预测方法

根据应急物资需求预测的特点，将人工智能中的案例推理技术引入预测中，提出了基于案例推理（Case-Based Reasoning，简称CBR）的应急物资需求预测方法。这种方法结合了案例推理和规则推理，充分利用显式规则和隐式案例知识，建立了基于案例推理的应急物资需求预测模型，提高了预测的科学性。

1. 案例推理技术简介

CBR起源于罗杰·尚克（Roger Schank）在1982年出版的 *Dynamic Memory: A Theory of Learning in Computers and People* 一书中所做的工作，并由其学生逐渐应用和验证。从推理方法的角度来看，案例推理是从一个案例（旧案例）到另一个案例（新问题）的类比推理。从认识过程的角度来看，案例推理是基于记忆，利用过去的经验来指导并解决问题的一种方法。在知识难以表达或因果关系难以把握，但已积累了丰富经验的领域，如医疗诊断、法律咨询、工程规则和设计、故障诊断等，案例推理得到了广泛应用。

从思维科学的角度来看，人的思维主要有三种形式——形象思维、逻辑思维和创造性思维。其中，人们使用最多的直觉、顿悟和灵感属于形象思维，它是研究人类思维的突破口。案例推理是人类三种思维的综合表现形式，因此，案例推理有助于完善对人类思维机理的认识，并符合人的认知心理。例如，当遇到一个新事物时，专家不仅能看到一个具体问题，还会产生联想，然后将事物归类，从中找出过去处理类似问题的经验和相关知识，经过一定的修正来处理新事物。通常，推理并不需要繁杂的规则，这也是专家解决问题速度快的原因之一。

案例推理是一种直觉思维方式，其基本依据是相似的问题有相似的解。人类在求解问题时，首先采用形象思维，获得目标案例的部分信息，联想到过去曾遇到过的类似问题，以此启发产生新问题的解决办法。在复杂的决策环境中，这是将一个问题逐步分解、认识不断求精的过程，问题的分析和求解是相互交错、迭代进行的，案例推理很好地模拟了人的联想、直觉、类比、归纳、学习和记忆等思维过程对问题的求解和决策。CBR技术就是采用匹配的方法，找出与问题相似的案例，其理论基础是相似原理。

2. 基于 CBR 的物资需求预测方法

（1）应急物资需求案例的表示与组织。案例是能导致特定结果的一组特征及属性的集合。在智能化的应急物资需求预测方法中，一个完整的案例是对一次需求预测过程中问题定义、问题求解、辅助决策各阶段中相关特征及属性的集合，一系列相关特征及属性的取值描述了此次预测结果产生、解释和调整的过程。一个典型的案例一般包含三部分信息：问题的说明信息（开始条件）、问题求解的目标和达到该目标的解决方案。应急物资需求案例也包含三部分的内容信息：突发事件情景的描述（类型、烈度、规模、自然环境、人口密度、经济状态等特征信息）、突发事件应对的描述（应对目标、方式、工序等特征属性）和应急物资需求的描述（数量需求、质量需求和结构需求）。

案例的表达是一种基于知识的表达方式，为了便于后面的检索和适配，案例的表达要遵循一定的规则。一个案例可以由多个属性构成，整个案例库则由不同属性层次上的案例关联而成，形成一个类似于关系型数据库的应急物资需求案例。

（2）物资需求案例的模糊推理过程。根据应急物资需求预测的特点，将模糊推理与 CBR 相结合，在应急物资需求案例的模糊推理模型中，其推理过程如下。首先，对应急物资需求案例进行模糊化描述和处理，并确定新的预测方案在各特征因素下的隶属度，建立起描述问题的模糊集。其次，对已有的案例库中的各案例都建立起对各特征因素的隶属度，即每一个案例都对应一个模糊集。这样，就可以计算出新的预测方案与案例库中各案例的相似度，实现模糊匹配，找到在新的环境条件下与已有案例最相近的案例。再次，比较新的预测结果与检索出的已有案例的差别，并结合专业知识进行反复修正，使之与当前突发事件的特征相一致，得到在特定环境条件下应对某类突发事件的应急物资需求预测方案。最后，将新的预测结果作为一个案例加入案例库中，以便下次进行决策时使用。

第二节　应急物资的采购管理

应急物资的储备管理是整个应急物流系统中极为关键的一环。在本节中，我们将重点讲述应急物资的两种储备方式：实物储备和合同储备。实物储备以政府持有为主，侧重于保障应急物资的实物供应；对于那些需求时效性较强的物资，则通过与具备快速响应能力的企业签订合同，形成合同储备体系，以便突发事件发生时能够迅速启动这一体系，有效调配所需物资。此外，本节还将探讨建立健全应急采购供应商管理机制的必要性，详细论述该管理机制下应急采购供应商的主要职能，并对当前加强应急物资采购供应商管理的措施进行简要概述。

一、应急物资采购概述

应急物资采购是在应对自然灾害、公共卫生事件等紧急情况时,为了迅速应对而进行的紧急采购活动。在进行应急物资采购时,对供应商的选择、评估、发展、使用和监管是确保采购质量的关键环节。应急采购的特点包括:

(1)时间上的紧迫性。应急采购通常涉及国家安全、人民生命财产安全等紧急事件,要求采购过程迅速且高效。例如,在汶川地震后,从临时住房到卫生口罩,国家相关部门都制定了严格标准,对采购活动提出了高标准要求。

(2)采购部门的单一性与供应部门的多样性。由于应急采购的特殊性,采购主体往往单独行动,无法采取常规的采购策略,如"强强联合"或"价格联盟"。同时,应急采购的供应商通常不是单一的,这增加了采购的复杂性。

(3)采购方法的创新性与规范化。应急采购需要根据时间压力选择合适的采购方式,但随着我国采购法规的完善,如《中华人民共和国政府采购法》(2014年修正)和《中华人民共和国招标投标法》(2017年修正),采购活动既要迅速又要符合规范,但这有时可能会导致采购时间延迟。

这些特点要求政府与企业建立长期合作关系，遵守政府采购法规，坚持公开、公平、公正的原则，通过公开招标采购来确保应急物资的质量和供应。同时，政府应分析应急物资的需求规律，制订合理的采购计划，并确保应急物资的质量，通过与供应商建立稳定的合作关系，以保障应急物资的快速和高品质供应。

二、应急物资实物储备的供应商选择

在应急物资库存管理中，通常将物资分为关键物资、重要物资、普通物资和瓶颈物资四大类。针对这些不同类别的物资，应采取差异化的供应商管理策略。对于关键和重要物资，需建立长期的供应商合作关系；普通物资则需运用多目标优化策略，全面考虑交货时间、质量水平和成本效益；瓶颈物资的供应则应特别强调交货的及时性。下面主要探讨普通应急物资的实物储备采购中供应商的选择问题。

（一）供应商选择的关键影响因素

应急物流的核心目标是最大化时间效益和最小化灾害损失，因此，在选择供应商时，主要考虑以下因素：

1. 交货准时性

应急物流对时间效益的追求使得交货准时性成为至关重要的一点。准时交货率是衡量供应商交货性能的关键指标。供应商如果不能保证交货准时性，将会严重影响应急物流的物资筹备和调度计划，在自然灾害或突发公共事件发生后，可能导致应急物资供应被动的局面，后果不堪设想。

2. 质量水平

供应商提供的产品质量是应急救援工作的基本保障。高质量的产品能够确保应急救援工作的顺利进行，低质量的产品则可能导致救援工作陷入困境。因此，质量是供应商选择的一个重要考量因素。应急物流系统应建立完善的质量评估体系，对供应商的产品质量及其质量管理体系进行全面审查，以确保供应商具备持续提供高质量产品的能力。

3. 采购成本

应急物资的采购成本包括产品成本和运输成本。在企业供应商选择中，采购成本通常是首要考虑的因素。对于应急物流而言，由于采购量通常较大，采购成本的重要性更为突出。

除了上述三个主要因素，还有诸如供应商的技术实力、供应能力、服务水平、信誉及地理位置等因素，这些也在特定情况下对应急物资供应商的选择产生影响。

（二）多目标决策选择供应商的模型

1. 多目标决策模型的理论基础与构建

多目标决策模型是一种将多个决策目标综合考虑，通过数学模型进行求解的方法。在供应商选择中，这些目标可能包括成本最低、质量最高、交货时间最短、响应速度最快等。这些目标之间往往存在冲突，例如降低成本可能会影响产品质量或交货时间。因此，多目标决策模型需要找到一种平衡，使得各个目标在满足企业需求的前提下达到最优。

构建多目标决策模型时，首先需要明确企业的实际需求，确定哪些目标是必须考虑的。然后，根据这些目标，选择适当的数学方法或工具进行建模。常用的方法包括层次分析法（Analytic Hierarchy Process，AHP）、数据包络分析法（Data Envelopment Analysis，DEA）、模糊综合评价法等。这些方法各有特点，可以根据具体情况选择最适合的一种或几种进行组合使用。

在模型中，还需要考虑各种约束条件，如供应商的产能、企业的采购量、交货期的限制等。这些约束条件会影响模型的求解结果，因此需要在建模时充分考虑。

2. 多目标决策模型在供应商选择中的应用

多目标决策模型在供应商选择中的应用主要体现在以下几个方面：

（1）综合评估供应商实力。通过多个目标的综合评估，可以更全面地了解供应商的实力和潜力，从而避免单一指标评价的片面性。

（2）优化供应商组合。在供应商多的情况下，通过多目标决策模型可以优化供应商的组合，使得整体效益最大化。例如，可以根据不同供应商在成本、质量、交货时间等方面的优势，进行合理的分配和组合。

（3）提高决策效率。多目标决策模型可以通过数学方法快速求解，避免了人工决策的繁琐和不确定性。同时，模型还可以提供多个可行的解决方案，供企业根据实际情况进行选择。

在实际应用中，企业需要根据自身情况选择合适的模型和方法，并结合具体的业务场景进行调整和优化。例如，对于交货时间要求较高的企业，可以更加注重交货时间这一目标；对于质量要求较高的企业，可以更加注重质量这一目标。

3. 多目标决策模型的优势与挑战

多目标决策模型在供应商选择中具有显著的优势，主要体现在以下几个方面：

（1）全面性。多目标决策模型能够综合考虑多个目标，避免了单一目标评价的片面性，使得评估结果更加准确和全面。

（2）客观性。通过数学方法和工具进行求解，避免了人为因素的干扰，使得决策结果更加客观和公正。

（3）灵活性。多目标决策模型可以根据企业的实际需求进行调整和优化，适用于不同的业务场景和供应商类型。

然而，多目标决策模型也面临一些挑战。例如，模型的构建和求解需要较高的数学和计算机技术；在实际应用中，需要充分考虑各种约束条件和不确定性因素；同时，还需要与企业的实际业务相结合，进行不断的调整和优化。因此，企业在应用多目标决策模型时，需要具备一定的技术实力和管理经验。

三、应急物资采购的供应商管理

应急物资采购的供应商管理在供应链管理中占据着基本且关键的地位。应急采购的特点要求对供应商的当前状况、历史记录、供应的物资、沟通机制、合同履行、资金流动、合作关系及相关的业务决策进行全方位的管理和支持。由于应急采购通常发生在非正常情况下，因此资金流、信息流和物流都伴随着一定的风险。供应商作为物流的起点，既是资金流的起始点，也是信息流的终点，建立一个有效的供应商管理机制可以提升应急采购的效率，并帮助采购部门规避潜在的风险。

（一）建立良好的供应商管理机制的必要性

供应商管理是对供应商的了解、选择、开发、使用和控制等综合管理工作的总称，其目标在于构建一个稳定且可靠的供应商队伍，满足物资需求部门的物资供应需求。在应急采购中，建立一个有效的供应商管理机制具有以下三个益处：

（1）有助于在紧急条件下选择正确的供应商。对供应商的评价通常包括两个方面：供应商生产的评估和供应商绩效的评估。随着采购理论的发展和采购活动的深入，物资采购部门对供应商的评价形成了一套较为科学和完整的程序。然而，这些程序通常以充足的时间为基础，难以满足应急采购活动的紧迫性和突发性。在非常情况下选择最佳的供应商已成为应急采购首先要解决的问题。可靠的供应商管理机制要求供应商遵循"5R原则"，即适价、适质、适时、适量和适地。其中，适价、适质是应急采购的基本要求，适时、适量、适地是应急采购的核心要求。供应商的选择应以这些标准为基础，以便在短期内为采购部门选择正确、合适的供应商。

（2）有助于建立长期稳定的合作伙伴关系。应急采购供应商的选择受时间和范围的限制，物资采购部门首先会考虑从现有供应商中选取符合要求的供应商。通过必要的供应商管理，有助于采购部门与供应商建立相互信任、长期合作的关系，减少日常问题的解决时间，使双方集中精力搞好长期性预测和计划工作，从而有效降低应急采购的不确定性给双方带来的风险。长期稳定的合作伙伴关系还有助于将事后控制转变为事中控制，满足应急采购对所需物品的特别要求，确保供应的连续性和准时性。

（3）有助于及时响应需求变化的要求。应急采购对物资采购部门的采购能力和供应商的生产能力都提出了较高的要求。采购部门在较短的采购周期内，更看重供应商的敏捷能力。要提高这种敏捷能力，就必须运用供应链管理的思想，使链上各节点的组织专注于自身的一两项核心竞争力，最大化地利用其他节点组织的竞争优势，迅速适应不断变化的要求。作为供应商,应具备控制资源市场的能力;作为采购部门,要充分发挥采购职能的优势。只有通过有效的供应商管理,使采购方与供应商之间建立起高效的互动关系,才能提高供应商对采购需求的反应敏捷性。

(二)应急采购供应商管理的主要职能

(1)确定应急采购供应商管理的目标和组织战略。考虑到应急采购的特殊性,制定策略时需重视与供应商建立互利的合作关系。打造一个能够最小化风险的供应结构,并与供应商建立长期合作关系,以降低成本和提升质量。同时,积极开发潜在供应商,确保他们在应急情况下能够提供卓越服务。

(2)设定管理组织架构并合理分配人力资源。应急采购的终极目标是高效地完成任务,因此,供应商管理应围绕着这一核心展开。确保责任、权利和利益三者之间的和谐平衡,以适应应急采购任务时限短、需求量大和难度高的特性。通过设立专门部门,实现专业化分工,并在分工的基础上加强协作,确保组织目标的实现。

(3)建立团队并进行有效的供应商管理。管理组织应发挥领导作用,利用法定权限和影响力引导供应商行为朝着组织目标前进。通过激励和奖励机制,提高供应商积极性,优化工作条件。

（4）评估管理执行情况并控制资源。有效的供应商控制有助于管理组织按计划执行任务。要检查和评估应急采购任务的实际执行情况，及时发现偏差，分析原因，并采取措施进行纠正；确保采购任务能按计划进行或根据实际情况做出适当调整；重点关注执行标准是否明确、及时获取偏差信息并采取有效的纠正措施。

（三）加强应急物资采购供应商管理的措施

在应急物流领域，信息交流与共享的重要性不容忽视。在传统的采购活动中，由于信息不对称，采购方与供应商之间的博弈往往导致"赢者灾难"，即供应商为了赢得供应权而遭受损失。这种状况在应急采购中尤为不利，因此，建立合作伙伴关系，促进信息互动与沟通成为当务之急。

1. 促进信息交流与共享

在应急采购中，信息的透明度和共享对于建立信任和减少不确定性至关重要。为了降低双方的不信任并减少投机行为，应采取以下措施：

（1）定期交换关于成本、作业规划和质量控制的信息，确保信息的及时性和准确性。

（2）增加供应商和采购方的互访频率，及时解决合作过程中出现的问题和困难，建立良好的合作关系。

（3）利用电子数据交换和互联网技术实现快速的数据传输，提高信息流通效率。

2. 加强监督控制

由于应急采购的高要求、急任务和短时间特性，加强对供应商的监督控制对于防止管理混乱和提高采购效益至关重要。以下是一些加强监督控制的建议：

（1）实施选择制度，确保供应商选择的透明性和合理性。

（2）建立评价制度，定期对供应商的业绩进行量化评估，为行为考核和监督提供依据。

（3）制定标准化作业手册，规范供应流程，为供应商提供明确的行动指南，并实现全程监控。

（4）建立通报制度，确保应急采购过程中信息的及时互动，以维护供应活动的有序进行。

通过这些措施，可以有效地管理应急采购的供应商，确保供应链的稳定性和效率，从而满足应急物流的高标准要求。

3. 精简和优化供应商名单

在应急物流管理中，优化供应商队伍是确保供应链高效运作的关键。应急采购的针对性要求采购部门全面评估潜在供应商的情况，并在效率和质量之间寻求平衡。选择合适的供应商应考虑以下因素：

（1）优先考虑已有供应商数据库中的企业，以减少评估和选择的时间。

（2）优先选择能够最大限度减少配送时间的供应商，确保物资及时到达。

（3）优先选择具有技术领先性、质量稳定性及充足货源的大型企业或国有企业。

构建多层次的供应商网络，逐步减少供应商数量，以提高选择效率和降低成本。尽管供应商数量减少有助于加强合作，但应根据采购需求和80/20原则（80%的物资由20%的供应商提供）来确定合适的供应商数量。通过建立战略伙伴关系，与关键供应商建立稳定可靠的作业环境。

应急物资采购是整个应急物资保障体系的基础，其效率和质量直接影响到应急物流目标的实现。应急物资采购应确保及时性、成本效益、品种多样性和适应性。

选择和管理好供应商对于应急采购的成功至关重要。这不仅关系到项目的成败和效果，也直接影响到应急采购目标的实现。建立一个有效的供应商管理机制，有助于在应急采购中提升效率并规避风险。通过这些措施，可以确保应急物流的高效运作，为应对各种紧急情况提供坚实的物资支持。

第三节 应急物资的库存管理策略

应急物资的储存是应急物流系统中的一个关键环节,它对系统的响应速度和整体效率有着直接的影响。保持一定量的安全保障物资储备可以显著缩短灾害发生到救援完成的时间间隔,降低采购和运输的需求,从而减少相关成本。然而,这种储备策略也可能导致大量资金被占用、增加成本、减缓资金流动速度,进而可能造成物资积压和浪费。

为了优化应急物资的储存,我们可以将现代物流管理中的库存控制方法应用于应急物资的管理中。这样可以帮助我们科学地确定储备规模,有效地实施应急物资的库存控制,确保在紧急情况下能够迅速、高效地调配物资,同时可以避免资源的浪费和资金的过度占用。通过合理的库存管理,我们可以提高应急物流系统的整体运作效率,更好地应对各种紧急情况。

一、库存管理的目标及现阶段库存控制的不足

在现代物流管理中,库存管理是对库存进行计划、协调和控制的工作,旨在降低库存成本和提高服务水平。库存管理包括仓库管理、物资管理和库存成本管理等。

应急物资的储存,如地震灾害物资,品种繁多、配件数量大,通常需

要大量专业机械设备。此外，炸药、燃油等消耗品的需求量也很大。受受灾环境、地质条件和地理位置的影响，应储存大量应急物资以备不时之需。应急物资的需求在地震发生后是急迫的，必须在第一时间满足需求，以最大限度地降低损失。

事故发生后，还需要大量的后续资源，如专业设备、医疗和生活用品等物资，通常与其他应急物资一起储存、保管，需要时再调用。然而，当前的库存管理模式导致应急物资库存普遍过高，其中一部分是长期积压物资，其占用总额不断增大，增加了财务负担。库存结构调整幅度有限，长线物资仍有较大库存，积压、待报废物资所占比重较高。

导致这种情况的原因有以下三点：

（1）库存结构不合理：采购环节多、周期长、程序复杂，导致每次采购批量加大、库存量增加，同时导致建设成本和管理成本增加。

（2）库存管理策略简单化：对各类物资采用统一的库存控制方式和按功能分类的管理方式，未能反映供应与需求中的不确定性，也没有对重点物资进行重点管理，造成浪费严重且效率低下。

（3）库存控制方法不合理：计划员和采购员缺乏订货准备成本和持有成本的概念，缺乏系统的库存控制知识，导致周转库存远远超过合理水平。

为优化应急物资的储存和管理，我们需要对库存结构、管理策略和控制方法进行优化，以提高应急物流系统的整体运作效率。

二、传统与现代库存管理方法

（一）传统库存控制方法

传统库存控制主要包括以下三种：

（1）ABC分类库存控制法：通过将库存物资按品种累计百分数进行分类，将其分为A(主要因素)、B(次要因素)、C(一般因素)三个类别进行管理，实现库存物资的有效控制。

（2）经济订货量法：根据库存费用（包括订货量、储存费及缺货损失费等因素）求解最优订货周期及订货量，建立库存控制模型，实现库存的优化控制。

（3）统计分析法：通过对各项库存指标进行统计分析和比较，评价一段时间内的库存控制成效，并为今后的库存控制改进提供依据。

（二）现代库存控制方法

现代库存控制主要包括以下四种方法：

（1）多级库存控制管理：在单级库存控制的基础上，采用多级库存优化与控制方法，实现供应链全局性优化与控制。

（2）供应商管理库存（Vendor Managed Inventory，简称 VMI）：供应商根据下游伙伴的销售资料和库存水平制订存货计划，掌握市场需求预测和库存补货，提高供应链效率。

（3）联合库存管理（Jointly Managed Inventory，简称 JMI）：通过共同参与、共同制订库存计划，消除需求变异放大现象，实现供应链相邻节点之间的库存管理者对需求的预期保持一致。

（4）协同规划、预需求测、补给（Collaborative Planning, Forecasting and Replenishment，简称 CPFR）：通过共同管理业务过程和共享信息，改善伙伴关系，提高预测准确性，降低库存，提高消费者满意度。

三、应急物资库存分类方法分析

应急物资的种类繁多，各种物资的价格和库存数量各不相同。在资源有限的情况下，同等重视所有库存品种并进行管理是不现实的。为了更有效地利用有限的时间、资金、人力和物力等企业资源，我们需要对库存物资进行分类，将管理的重点放在关键物资上。根据库存物资的重要程度进行差异化管理，这是一种有效的方法。

（一）传统 ABC 分类法

ABC 分类法是企业库存管理中常用的方法，也被称为重点管理法。这种方法通过分析大量复杂的事物或经济现象，找出主次，进行分类和排序，然后根据不同情况分别进行管理。这是一种抓住事物主要矛盾进行定量科学分类管理的有效技术，也是现代企业普遍采用的管理方法。

ABC 分类法根据库存物资占总库存资金的比例和占总品种数目的比例，将库存物资分为 A、B、C 三个类别。A 类库存品种数量较少，但资金占用较大，占库存品种总数的 5%~20%，资金金额占库存占用资金总额的 60%~70%。C 类库存品种数量较多，但资金占用较小，占库存品种总数的 60%~70%，资金金额占库存占用资金总额的 10% 以下。B 类库存介于两者之间，占库存品种总数的 20%~30%，资金金额占库存占用资金总额的 20% 左右。

运用数理统计方法，对物资进行分类排队，抓住主要矛盾，将研究对象按一定标准分为特别重要的库存（A 类库存）、一般重要的库存（B 类库存）和不重要的库存（C 类库存）三个等级，然后针对不同的级别进行不同的管理和控制。根据三类物资的不同特点，如出库数量、出库周期等，分别采取重点、次要和一般三种不同程序的管理，以达到最经济、最有效地使用人力、物力、财力的目的。ABC 分类法操作简单，能够让库存控制做到重点与一般相结合，有利于降低库存和库存投资，加快资金周转。

（二）传统 ABC 分类法的应用

当前，我国在 ABC 分析原理和方法方面的研究还不够深入，同时，将

ABC分类法应用于应急物资库存管理的过程中，灵活性不足，存在一些问题。主要问题包括：

（1）应急库存物资因其自身特性的差异应区别对待，将全部库存笼统地分为三类，可能无法达到重点管理的效果。实际上，ABC分类不仅限于三类，还可以有很多灵活的分类方法。应急救援所需的物资品种繁多、数量庞大，库存物资往往达到数千种甚至近万种，需要重点管理的物资有几百种。因此，可以在ABC各类进一步分层，在大类下面又分小类，以提高分类管理的准确性。此外，还可以根据实际库存品种结构，采取三类以下或以上的分类方法。

（2）传统的ABC分类法只考虑了"占总库存资金的比例"和"占总库存品种数目的比例"这两个统计指标，无法综合反映应急库存物资的重要程度。这种方法没有考虑其他影响因素，不能很好地反映库存物资的重要程度，因此应用受到了限制。这种方法的最大局限性在于，仅以物资价值为基础进行分类，无法反映物资需求的紧迫性等情况，也无法反映物资的市场结构。在应急库存中，需要重点管理的物资不一定是单个品种库存资金占整个库存资金百分比大的品种，单纯地按这一标准进行分类，很可能忽视这些物资的管理。

这些问题对应急物资供应管理策略的制定有很大影响。例如，某一物资也许价值并不高，如果按 ABC 分类法只能算 C 类物资，但在市场上属于短缺物资，那么在应急物资采购中就应该将该物资放在比较重要的位置。有些物资虽然价值高、需求量大，但在市场上容易得到，可以利用社会库存，采购周期也很短，就可以采取较简单的管理方法，以节约成本。如果不考虑物资的采购难易程度及是否具有可替代性等问题，就很可能将年资金占用额不太大，但采购较困难且不具有可替代性的重要物资划为非重点管理对象。在复杂情况下，用 ABC 分类法得出较为准确的分类结果几乎是不可能的，这也正是 ABC 分类法的严重弊端所在。

因此，对应急物资的分类管理不能仅仅依赖一个标准，而应将多种因素综合考虑进去。只有这样，才能在合理分类的基础上对其进行有效的管理。

（三）应急物资库存分类法的改进思路

应急物资库存分类比普通库存物资分类更为复杂，因此需要对传统的 ABC 分类法进行改进。改进的关键是增加新的分类标准，这些标准应充分考虑不同事故发生后对不同物资的需求特点。例如，矿区易发生矿难，应重点储备救生器材、消防设备等工具，同时还应增加救灾帐篷、医疗器械的储备量。这是一种动态的过程。依据物资的重要性以及供应市场复杂性的程度，可以将物资分为关键物资、瓶颈物资、重要物资、普通物资四种类型。

1. 关键物资

这类物资的特点是应急需求量相对较大,本身价值昂贵,其质量的好坏对应急救援会产生重大影响。同时,能够提供这种物资的合格供应商数量相对较少。基于这些特点,对于关键物资的供应管理首先必须致力于与质量可靠的供应商建立一种长期的、战略伙伴式的关系,使供应商也能得到应有的好处,以此为供应商的长期高质量合作提供驱动力。在具体的管理策略上,由于这种物资本身价格昂贵、库存占用资金比例大,必须进行详细的调查和需求预测,并尽可能进行严格的库存控制。

2. 瓶颈物资

这类物资的基本特点是获取有一定难度。例如,难以找到合格的供应商;与供应商的距离较远又缺乏可靠的运输保障;属于专利产品,供应商占优势地位,等等。对于这种物资的供应商,应该根据情况采取灵活的策略,例如,对供应物资质量有问题的供应商,致力于帮助他们改进;对于占优势地位的供应商,致力于建立稳定的合作关系,等等。在采购和库存策略上,需要考虑设置较高的安全库存,并采用较大的订购批量。

3. 重要物资

这类物资的基本特点是供应市场比较充足,但这种物资本身价格昂贵、库存占用资金比例大。因此,从资金占用角度上看,这种物资的基本管理策略应该是致力于使总成本最小化。为此,需要在库存管理上多下功夫,尽量减少他们的库存。

4. 普通物资

这类物资的基本特点是小件、本身价值不高、市场上也容易获得，但这类物资往往种类繁多，能够占到企业全部采购库存种类的一半以上。因此，对于这类物资，所应采用的基本管理策略也是致力于使管理成本最小化。在库存管理上，应该采用经济批量等优化方法，并尽量利用信息技术等手段简化管理程序，提高业务效率。

总之，物资分类的目的是更好地管理。在对物资进行分类后就可以针对不同物资分别管理，采用不同的采购和库存策略来降低成本，提高经济效益，这是最终的目的。由于市场的变化，对物资的评价标准也在改变，这是一种动态的过程，改进了以前管理中单纯僵化地用 ABC 分类法来管理的不足。这样的灵活掌握，可以不断地降低库存和采购成本。在以上分类方法中，许多指标都是定性的，在对物资的评价过程中会发现一些困难，如果每种物资都按这些方法评价，工作量将特别大。因此，有必要研究新的分类方法，下面将采用模糊评判方法对应急物资分类策略进行研究。

四、基于模糊评价的应急物资分类策略

（一）应急物资评价指标研究

物资等级分类是制定采购和库存控制策略的基础，要提升采购和库存控制水平，必须建立一套科学合理的分类评价指标体系。一个复杂的评定体系必然是多层次的,并具有良好的扩充性。在制定评价体系时,难点在于如何评定某些非结构因素,如采购难易度、物资重要度等。因此,在制定评价体系时,要坚持客观、公正的原则,体现定性指标和定量指标相结合的方针。

根据上述原则,结合应急救援物资分类中存在的问题,提出一套适合应急物资的分类方法。该方法将从物资的重要性、物资的成本、供应难易程度、供应商服务等多个指标进行评定。图3-1是根据上述原则建立的应急物资评价指标体系。

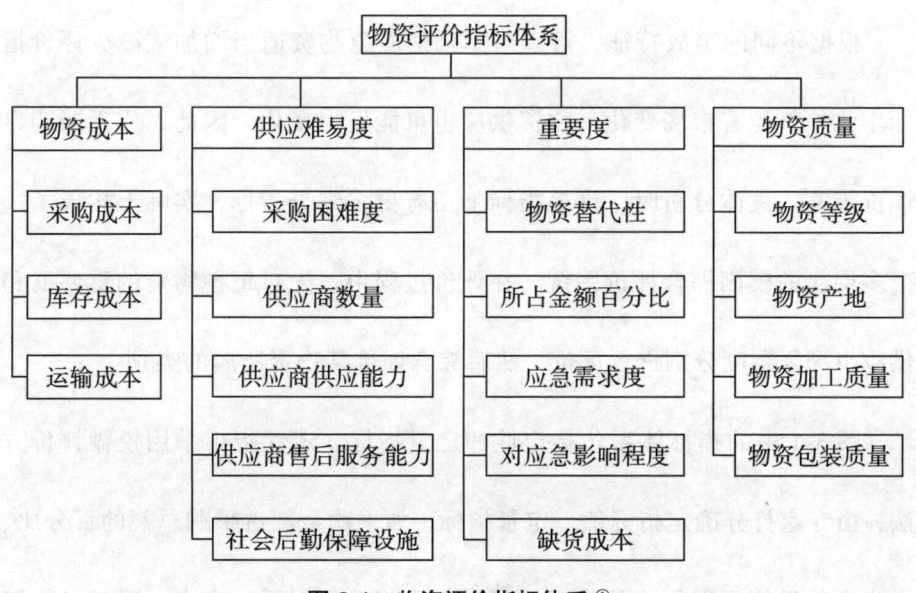

```
                        物资评价指标体系
        ┌───────────┬──────────────┬──────────────┬───────────┐
     物资成本      供应难易度        重要度         物资质量
      ├采购成本    ├采购困难度     ├物资替代性    ├物资等级
      ├库存成本    ├供应商数量     ├所占金额百分比├物资产地
      └运输成本    ├供应商供应能力 ├应急需求度    ├物资加工质量
                   ├供应商售后服务能力 ├对应急影响程度 └物资包装质量
                   └社会后勤保障设施  └缺货成本
```

图 3-1　物资评价指标体系[①]

物资的重要性和市场评价主要依赖于采购人员的判断,具有一定的主

---

① 雷杰,万志鹏,师路路.物联网环境下应急物流管理体系与信息系统构建研究[M].北京:中国原子能出版社,2021.

观性。而定性与定量相结合的方法中,层次分析法是常用的评估方法。在对物资的重要性和市场复杂度进行评价时,可以采用模糊评价方法,以评判物资的重要性和市场供应复杂度。在进行物资评价时,主要应考虑以下两个方面:

(1)物资重要度:主要参照采购金额占采购总额的百分比、物资短缺给应急救灾造成的损失等因素进行评估。

(2)供应市场复杂性:主要参照产品的可替代性、供应商数量、供应商可靠性、储备方对该项物资的物流控制能力等因素进行评估。

根据不同的事故特征,可以对不同的应急物资适当增加或减少评价指标。此外,随着市场变化,物资供应也可能发生变化,因此,应不断调整评价策略。具体分析时,许多指标下还有更多细分指标,实际上构成了一个多层次的模糊综合评价系统。在评价过程中,先对每种物资的重要度和供应市场复杂度分别进行评价,然后综合评价某物资所属的类别。

图3-1中的指标体系包括定性和定量指标。定性指标采用模糊评价方法,由专家打分确定指标值。定量指标,如采购金额占采购总额的百分比、供应商数量等可以量化的指标,可直接用相关数据反映出来。通过对物资指标进行判断来最终确定其属于哪种物资,从而采用不同的采购方法和策略。

（二）基于模糊评价的分类方法

在库存管理分类中，尤其是在应对突发事件和紧急情况时，应急物资的综合重要性划分显得尤为重要。然而，由于应急物资涉及的评价指标多样且模糊，如价格、货源紧缺状况、保质期、运输条件等，使得准确划分和分类这些物资成为一项极具挑战性的任务。为了应对这一挑战，本文提出基于模糊评价的应急物资分类策略，旨在通过模糊理论的应用，提高分类的合理性和准确性。

1. 模糊评价理论及其在应急物资分类中的适用性

模糊评价理论是一种处理不确定性问题的有效方法，特别适用于那些难以用精确数值描述的复杂系统。在应急物资分类中，模糊评价能够充分考虑评价指标的模糊性和不确定性，通过构建模糊评价矩阵和设定模糊隶属度函数，将各个评价指标的模糊性进行量化处理。这种量化处理不仅保留了评价指标的原始信息，还使得分类结果更加符合实际情况。

应急物资分类之所以适合采用模糊评价，是因为应急物资的重要性和紧迫性往往受到多种因素的影响，这些因素之间可能存在相互冲突或相互依赖的关系。通过模糊评价，可以综合考虑这些因素的影响，形成更加全面、客观的分类结果。此外，模糊评价还能够根据企业的实际需求，灵活调整评价标准和权重，使得分类结果更加符合企业的实际情况和战略目标。

2.基于模糊评价的应急物资分类策略实施步骤

实施基于模糊评价的应急物资分类策略，需要遵循一定的步骤和方法。首先，需要明确应急物资的分类目标和评价指标。这些评价指标应该能够全面反映应急物资的重要性和紧迫性，同时具有一定的代表性和可操作性。例如，可以选取价格、货源紧缺状况、保质期、运输条件等作为评价指标。

其次，需要构建模糊评价矩阵和设定模糊隶属度函数。模糊评价矩阵用于描述各个评价指标与应急物资之间的模糊关系，而模糊隶属度函数则用于量化这种模糊关系。通过设定合理的模糊隶属度函数，可以将评价指标的模糊性转化为具体的数值，便于后续的分类处理。

接着，选择合适的模糊聚类算法对应急物资进行分类。模糊聚类算法可以根据应急物资在模糊评价矩阵中的位置，将其划分为不同的类别。这些类别应该能够反映应急物资的重要性和紧迫性差异，为企业的库存管理和应急响应提供有力支持。

最后，对分类结果进行验证和优化。通过与实际情况的对比和分析，可以检验分类结果的准确性和合理性。如果分类结果存在偏差或不符合企业实际需求，可以对模糊评价矩阵、模糊隶属度函数或模糊聚类算法进行调整和优化，以提高分类结果的准确性和可靠性。

3.基于模糊评价的应急物资分类策略的优势与挑战

基于模糊评价的应急物资分类策略具有显著的优势。首先，它能够充分考虑评价指标的模糊性和不确定性，提高分类的合理性和准确性。其次，该方法能够根据企业的实际需求进行灵活调整和优化，使得分类结果更加符合企业的实际情况和战略目标。此外，模糊评价还能够综合考虑多个评价指标的影响，形成更加全面、客观的分类结果。

然而，基于模糊评价的应急物资分类策略也面临一些挑战。首先，评价指标的选择和评价标准的设定需要具备一定的专业知识和经验，这对于一些企业来说可能存在一定的难度。其次，模糊评价过程中需要处理大量的数据和复杂的计算，对于技术实力较弱的企业来说可能构成一定的障碍。此外，模糊评价的结果可能存在一定的主观性和不确定性，需要与其他方法进行结合和验证，以提高分类结果的准确性和可靠性。

综上所述，基于模糊评价的应急物资分类策略在库存管理分类中具有广泛的应用前景和重要的实践意义。通过充分利用模糊评价的优势和特点，企业可以更加科学、合理地划分应急物资的重要性和紧迫性，为企业的库存管理和应急响应提供有力支持。同时，也需要关注该方法面临的挑战，并采取相应的措施进行应对和解决。

五、应急物资库存控制模型

应急物资的库存储备是专为特定目的设立的,但它必须遵循经济原则,因此经济性是储备管理的一个重要考量。虽然大规模库存能够提高灾害响应的保障能力,但是灾害未发时,过量储备会导致资金占用过多,增加存储成本。长期储存的物资可能会因自然损耗、老化或性能退化而降低可用性,这可能构成一种隐性的浪费。因此,灾害物资储备的经济性要求在满足备灾需求的同时,避免不必要浪费。

为确保物资流通的连续性和均衡性,在不同环节储备适量物资是必要的。在满足救灾实际需求的基础上,设定经济合理的物资储备量至关重要。通过分析大量可靠的历史统计数据,可以对应急储备问题进行概括和抽象,构建数学模型并进行优化,以支持做出明智的物资库存决策。

(一)模型假设

在应急物流领域,我们通常会从各种具体的物资形态中提取出通用的模型,以便于分析和规划。这些模型的建立基于一些关键假设,包括:

(1)各种物资的消耗是同步进行的,即不同类型的物资在同一时间内会有相似的消耗速率。

(2)物资的消耗和补充是一个连续的过程,且这个过程是逐渐进行的,以确保物资水平的持续性。

（3）自然灾害在不同地区发生的概率是均等的，这意味着每个地区都有可能遭受灾害，且灾害的潜在影响是相似的。

（4）突发事件在短时间内具有固定的平均复发周期，这有助于我们预测和准备应对可能的灾害。

这些假设有助于我们建立模型，以便更好地理解和规划应急物资的储备和管理，确保在灾害发生时能够有效地响应。

（二）模型建立

在构建应急物资库存模型时，必须兼顾物资储备的经济效益与应急救灾物资的独特需求。应急物资的库存通常划分为两个级别：一是常规库存，也称为保险储备，它用于保障日常的应急响应需求。二是非常规库存，也称为机动储备，这部分库存用于应对突发灾害，其储备量和存放位置可以根据实际需求灵活调整。

常规库存的管理遵循线性方程，其库存量通常保持相对稳定。鉴于小型突发事件的高发生率，应急物资须常年保持供应，以应对各地区的轻微灾害和小规模突发事件。为此，建立一个有效的补充和更新机制至关重要。对于灾害频发区域，应维持较高的常规库存水平，以确保在这些地区发生灾害时能够迅速响应。

第四节　应急仓库的选址及决策

在应急物流领域，应急物流中心的选址是一个关键环节。由于应急物流中心一旦建立就将长期运作，它的位置不仅直接影响到运营成本，而且对工作效率和控制水平有着深远的影响。

一、应急仓库选址的重要性与原则

（一）应急仓库选址的战略意义

应急仓库的选址不仅关乎到突发事件发生时的物资供应效率，更是国家和社会应对危机能力的直接体现。合理的选址可以显著缩短救援物资从仓库到受灾点的运输时间，提高救援行动的及时性和有效性。同时，它也是构建韧性社会、提升应急管理体系的重要组成部分。一个科学的应急仓库布局，能够在灾难发生时迅速调配资源，减少损失，保障人民生命财产安全。

在战略层面，应急仓库的选址应充分考虑地理位置、交通条件、地形地貌及潜在灾害风险等多种因素。地理位置的选择应确保仓库能够覆盖尽可能广泛的受灾区域，同时避免位于高风险区域，如地震带、洪水频发区等。交通条件则是决定物资运输效率的关键因素，需确保仓库周边有完善的交通网络，便于快速调动运输力量。此外，地形地貌的选择也应考虑仓库建设的可行性和安全性，避免易滑坡、塌陷等地质不稳定区域。

（二）应急仓库选址的时效性原则

时效性是应急仓库选址不可忽视的重要原则。在突发事件中，时间就是生命，快速响应和及时送达是救援行动成功的关键。因此，应急仓库的选址应尽可能靠近潜在受灾区域，缩短物资运输距离，提高响应速度。同时，仓库内部的设计和管理也应注重效率，确保物资能够迅速出库、装车，并在最短时间内送达灾区。

为了实现这一目标，应急仓库的选址需要综合考虑多种交通方式，包括公路、铁路、航空等，确保在各种交通条件下都能实现快速响应。此外，仓库还应建立完善的物资储备和调配机制，确保在突发事件发生时能够迅速调集所需物资，满足救援需求。

（三）应急仓库选址的可持续性原则

应急仓库的选址不仅要考虑当前的应急需求，还要兼顾未来的发展变化和可持续性。随着城市化进程的加快和自然灾害的频发，应急仓库的布局也需要不断优化和调整。因此，在选址过程中，应充分考虑区域发展规划、人口分布变化及潜在灾害风险等因素，确保仓库的选址能够适应未来应急管理的需求。

可持续性原则还体现在仓库建设和运营过程中的资源节约和环境保护。应急仓库的建设应采用绿色建筑材料和技术，减少对环境的影响。同时，仓库的运营也应注重节能减排，降低能源消耗和排放。在物资管理方面，应推行绿色仓储和包装，减少废弃物的产生和处理成本。

（四）应急仓库选址的经济性原则

经济性原则是应急仓库选址不可忽视的重要方面。在有限的预算和资源条件下，如何实现最佳的仓库布局和运营效率，是管理者需要深思的问题。合理的选址可以降低仓库建设和运营成本，提高资源利用效率。

在经济性原则的指导下，应急仓库的选址应充分考虑土地成本、建设成本及运营成本等多种因素。通过科学的选址和规划，可以降低仓库建设和运营的总体成本，提高经济效益。同时，仓库的布局和管理也应注重效率，通过优化仓储流程、提高物资周转率等方式，降低运营成本，提高资源利用效率。

综上所述，应急仓库的选址是一项复杂而重要的任务，需要综合考虑战略意义、时效性、可持续性和经济性等多种因素。通过科学的选址和规划，可以构建高效、可靠、可持续的应急管理体系，为应对突发事件提供有力保障。

二、应急仓库选址的影响因素分析

（一）地理与自然环境因素

地理与自然环境是应急仓库选址的首要考量因素。地理位置的选择不仅决定了仓库与潜在受灾区域之间的物理距离，还影响着物资运输的便捷性和效率。理想情况下，应急仓库应位于交通枢纽附近，如高速公路、铁路干线或航空枢纽的周边，以便在紧急情况下迅速调动运输力量，缩短物资送达时间。

自然环境方面，应急仓库的选址需避开自然灾害高风险区域，如地震带、洪水易发区、滑坡和泥石流多发区等。这些区域的自然灾害频发，不仅威胁仓库本身的安全，还可能影响物资的正常储存和运输。同时，仓库所在区域的地形地貌也应适宜建设，避免选址在陡峭的山坡、低洼地带或沼泽地等地质不稳定区域。

此外，气候条件也是影响应急仓库选址的重要因素。极端天气条件，如暴雨、台风、暴雪等，可能对仓库的运营造成严重影响。因此，在选址时，应充分考虑当地的气候特点，选择气候条件相对稳定的区域，确保仓库在极端天气下仍能正常运作。

（二）交通与物流网络因素

交通与物流网络是应急仓库选址的又一关键考量。一个高效的物流网络能够确保物资在紧急情况下迅速、准确地送达受灾区域。因此,应急仓库的选址应充分考虑周边交通网络的发达程度,包括公路、铁路、水路和航空等多种交通方式。

公路交通是物资运输的主要方式之一,其便捷性和通达性直接影响物资的运输效率。铁路和水路交通则适用于长距离、大批量的物资运输,能够降低运输成本,提高物流效率。航空运输则具有速度快、灵活性高的特点,适用于紧急情况下的快速响应。

在物流网络方面,应急仓库的选址应靠近物流节点,如物流中心、配送中心等,以便与现有的物流网络实现无缝对接。同时,仓库还应建立完善的物流信息系统,实现物资信息的实时监控和追踪,提高物流管理的透明度和效率。

(三)社会与经济因素

社会与经济因素也是应急仓库选址不可忽视的重要方面。一方面,仓库的选址应充分考虑当地的社会环境,包括政治稳定性、治安状况、民众对救援行动的支持度等。这些因素直接影响仓库的运营安全和物资配送的顺利进行。另一方面,经济因素也是选址的重要考量。仓库的建设和运营成本受到土地价格、建筑材料、劳动力成本等多种因素的影响。在选址时,应充分考虑当地的经济状况和发展水平,选择成本效益较高的区域。同时,仓库的运营也应注重经济效益，通过优化仓储流程、提高物资周转率等方式，降低运营成本，提高资源利用效率。

此外，应急仓库的选址还应考虑与周边产业和企业的协同效应。通过与周边企业建立合作关系，共享物流资源，可以降低运营成本，提高物流效率。同时，与周边产业的协同发展也有助于提升仓库的应急响应能力，为救援行动提供更有力的支持。

（四）政策法规与规划因素

政策法规与规划因素对应急仓库的选址具有重要影响。一方面，国家层面的政策法规对应急仓库的建设和管理提出了明确要求，如《国家突发公共事件总体应急预案》等。这些政策法规为应急仓库的选址提供了指导和依据，确保仓库的建设和管理符合国家标准和规范。另一方面，地方政府的规划和政策也对应急仓库的选址产生重要影响。地方政府在城市规划、土地利用、交通建设等方面具有决策权，其规划和政策的变化可能直接影响应急仓库的选址和运营。因此，在选址时，应充分了解当地政府的规划和政策，确保仓库的选址符合地方政府的规划要求和发展方向。

同时，应急仓库的选址还应考虑与未来规划和发展趋势的衔接。随着城市化进程的加快和自然灾害的频发，应急管理体系需要不断优化和完善。因此，在选址时，应充分考虑未来应急管理的需求和发展趋势，确保仓库的选址能够适应未来应急管理体系的发展变化。

综上所述，应急仓库的选址是一项复杂而重要的任务，需要综合考虑地理与自然环境、交通与物流网络、社会与经济以及政策法规与规划等多种因素。通过科学的选址和规划，可以构建高效、可靠、可持续的应急管理体系，为应对突发事件提供有力保障。

三、应急仓库选址的决策方法

（一）定量分析与模型构建

在应急仓库选址的决策过程中，定量分析与模型构建是不可或缺的一环。通过收集和分析相关数据，如地理位置、交通网络、灾害风险、人口分布等，可以建立数学模型来评估不同选址方案的优劣。

常用的定量分析方法包括多目标决策分析、层次分析法、模糊综合评价法等。这些方法能够综合考虑多个影响因素，对选址方案进行综合评价。例如，多目标决策分析可以设定多个目标函数，如最小化运输成本、最大化覆盖范围等，通过求解这些目标函数的最优解来确定最佳选址。

在模型构建方面，可以引入地理信息系统技术，将相关数据可视化，并借助地理信息系统的分析功能来评估不同选址方案的地理优势和劣势。此外，还可以构建网络模型，如物流网络模型、交通网络模型等，来模拟物资运输和配送的过程，从而评估不同选址方案对物流效率的影响。

（二）专家咨询与德尔菲法

专家咨询是应急仓库选址决策中的另一种重要方法。通过邀请相关领域的专家、学者和决策者进行交流和讨论，可以获取他们的专业知识和经验，为选址决策提供有益的参考。

德尔菲法是一种典型的专家咨询方法，它通过多轮匿名调查和反馈，逐步收集专家的意见，最终形成一致的选址方案。在德尔菲法中，每个专家都可以独立地表达自己的观点，并通过反馈机制了解其他专家的意见，从而不断调整和完善自己的判断。这种方法能够充分利用专家的智慧和经验，提高选址决策的科学性和准确性。

（三）风险评估与敏感性分析

风险评估是应急仓库选址决策中不可或缺的一环。通过对潜在灾害风险、交通风险、经济风险等进行全面评估，可以了解不同选址方案可能面临的风险和挑战，从而制定出相应的应对策略。

敏感性分析则用于评估不同因素对应急仓库选址决策的影响程度。通过改变某个或某些因素的取值，观察选址方案的变化情况，可以了解这些因素对选址决策的重要性。敏感性分析有助于决策者识别关键影响因素，从而在选址决策中给予更多的关注。

（四）综合评估与决策优化

综合评估是将定量分析与定性分析相结合，对多个选址方案进行全面、系统的评价。在综合评估过程中，需要综合考虑地理位置、交通网络、灾害风险、经济成本、社会效益等多个因素，以及这些因素之间的相互作用和影响。

决策优化则是在综合评估的基础上，通过优化算法和工具来寻找最佳选址方案。常用的优化算法包括遗传算法、粒子群算法、模拟退火算法等。这些算法能够在给定的约束条件下，搜索全局最优解或近似最优解，为选址决策提供有力的支持。

在综合评估与决策优化的过程中，还需要注重决策的灵活性和适应性。由于应急管理体系的复杂性和不确定性，选址决策需要具备一定的灵活性和适应性，以便在实际情况发生变化时能够迅速调整和优化。因此，在选址决策中，需要充分考虑未来可能的变化和不确定性，制定出相应的应对策略和调整方案。

综上所述，应急仓库选址的决策方法需要综合运用定量分析与定性分析、专家咨询与德尔菲法、风险评估与敏感性分析以及综合评估与决策优化等多种手段和方法。通过科学、系统的决策过程，可以确保选址决策的科学性和准确性，为构建高效、可靠的应急管理体系提供有力保障。

四、应急仓库选址的优化建议

（一）强化数据驱动决策，提升选址科学性

在应急仓库选址的过程中，应充分利用现代信息技术，尤其是大数据和人工智能技术，进行选址决策的科学化分析。通过收集和分析地理位置、交通网络、人口分布、灾害历史记录等多维度数据，可以构建出精确的选址模型，评估不同地点的应急响应能力、物资配送效率和成本效益。此外，还可以利用预测分析技术，预测未来灾害发生的可能性和影响范围，从而更加精准地确定应急仓库的最佳位置。

为了提升数据驱动决策的能力，建议政府和相关部门加强数据共享机制建设，整合各类应急管理和灾害相关数据，形成统一的数据平台。同时，应加大对数据分析和人工智能技术的投入，培养专业的数据分析人才，提高数据分析的准确性和时效性。

（二）注重选址方案的灵活性与适应性

应急仓库的选址方案需要具备一定的灵活性和适应性，以应对突发事件的不确定性和复杂性。一方面，选址方案应考虑到未来城市发展和人口迁移的趋势，确保仓库位置能够适应未来应急需求的变化。另一方面，选址方案还应具备快速调整和优化的能力，一旦灾害发生或应急需求发生变化，能够迅速调整仓库的布局和功能，以满足救援行动的需要。

为了提升选址方案的灵活性与适应性，建议政府和相关部门在制定选址方案时，充分考虑未来应急管理体系的发展趋势和潜在需求。同时，应建立应急仓库的动态管理机制，定期对仓库的选址、布局和功能进行评估和优化，确保其始终保持最佳状态。

（三）加强风险评估与应对策略的制定

在应急仓库选址的过程中，风险评估是不可或缺的一环。通过对潜在灾害风险、交通风险、经济风险等进行全面评估，可以了解不同选址方案可能面临的风险和挑战，从而制定出相应的应对策略。风险评估应贯穿于选址决策的全过程，从初步筛选到最终确定，都应进行充分的风险分析和评估。

为了加强风险评估与应对策略的制定，建议政府和相关部门建立完善的风险评估体系，明确评估指标和方法，确保评估结果的准确性和可靠性。同时，应制定详细的应对策略和预案，包括物资储备、运输安排、人员调配等方面，以确保在灾害发生时能够迅速响应和有效应对。

（四）强化选址方案的可持续性与社会责任感

应急仓库的选址方案不仅要考虑当前的需求和效益，还要注重其可持续性和社会责任感。一方面，选址方案应考虑到环境保护和资源节约的要求,避免对当地生态环境造成破坏。另一方面,选址方案还应注重社会效益,确保仓库的运营能够为当地社区和居民带来积极的影响。

为了强化选址方案的可持续性与社会责任感,建议政府和相关部门在制定选址方案时,充分考虑环境保护和社会责任的要求。同时,应加强与当地社区和居民的沟通和合作,了解他们的需求和期望,确保选址方案能够得到广泛的支持和认可。此外,还可以引入第三方评估和监督机制,对选址方案的可持续性和社会责任感进行评估和监督,确保其始终符合相关标准和要求。

综上所述,应急仓库选址的优化建议应涵盖数据驱动决策、灵活性与适应性、风险评估与应对策略,以及可持续性与社会责任感等多个方面。通过综合考虑这些因素,可以制定出更加科学、合理、高效的选址方案,为构建高效、可靠的应急管理体系提供有力保障。

第四章 供应链视角下的应急物流

本章内容主要围绕供应链的基本概念和关键组成部分展开，同时从供应链的角度阐述了应急物流和应急供应链的定义，并对比了传统物流与应急物流的差异。通过分析传统供应链的不足，阐述从供应链视角出发的应急物流的优势和设计要点。此外，本章还介绍了应急供应链的风险评估技术，并提供了一种基于层次分析法的应急供应链节点可靠性计算方法。在章节的最后部分，本章讨论了快速响应机制的定义、特点及其在供应链管理中的重要性。

第一节 应急供应链的重要性

一、供应链

（一）供应链的概念

供应链是一个围绕核心企业的网链结构，它通过控制信息流、物流和资金流，从采购原材料开始，制成中间产品和最终产品，最后通过销售网络将产品送到消费者手中，将供应商、制造商、分销商、零售商和最终用户连接在一起。供应链不仅是一条连接供应商到用户的物流链、信息链和资金链，还是一条增值链，物料在供应链上因加工、包装、运输等环节增加其价值，给相关企业带来收益。供应链的概念从扩大生产概念发展而来，它将企业的生产活动前延和后延。供应链通过计划、获得、存储、分销、服务等活动，在顾客和供应商之间形成一种接口，使企业能够满足内外部顾客的需求。

供应链中各企业之间的关系与生物学中的食物链类似，如果破坏供应链中的任何一种环节，都可能导致供应链失去平衡，最终破坏企业赖以生存的生态环境。国家标准局2021年版《物流术语》将其定义为"生产及流通过程中，围绕核心企业的核心产品或服务，由所涉及的原材料供应商、制造商、分销商、零售商直到最终用户等形成的网链结构"。

（二）供应链的基本要素

供应链的基本要素主要包括以下几个部分：

（1）供应商：提供原材料或零部件给生产厂家的企业。

（2）制造商：即产品生产环节，负责产品生产、开发和售后服务等环节的企业。

（3）分销商：为了将产品送到各个经营地区，提供产品流通代理服务的企业。

（4）零售商：将产品销售给消费者的企业。

（5）物流服务提供商：专门提供物流服务的企业，包括批发、零售和物流行业。这些企业也可以统称为流通企业。

（三）物流在供应链中的重要性

在供应链管理中，物流的作用可以通过其价值在供应链中的分布来衡量。表4-1展示了不同行业价值分布的情况，从中可以观察到物流价值（包括采购和分销）在各个行业和产品类型中通常占到供应链总价值的50%以上。特别是在易耗消费品和一般工业品领域，物流价值所占比例超过了80%。

表4-1 不同行业的价值分布[①]

产品	采购（%）	制造（%）	分销（%）
易耗品（如肥皂、香精等）	30～50	5～10	30～50
耐用消费品（如轿车、洗衣机等）	50～60	10～15	20～30
重工业（如工业设备、飞机等）	30～50	30～50	5～10

物流在供应链管理中的关键作用可以概括为：

（1）创造顾客价值并减少其成本。

（2）协调生产活动，增强其灵活性和响应速度。

（3）提供顾客服务，塑造和维护企业品牌形象。

（4）收集并反馈信息，以协调供需之间的矛盾。

---

① 雷杰,万志鹏,师路路.物联网环境下应急物流管理体系与信息系统构建研究[M].北京：中国原子能出版社,2021.

（四）应急供应链的概念

应急供应链是一个新兴的概念，它源于政府应急管理和虚拟供应链的理念。

政府应急管理是指政府为应对突发事件而实施的一系列有序、有组织的管理活动，旨在有效预防和处理各类突发事件，减轻其负面影响。这种管理模式需要政府采取不同于常规管理的紧急措施和程序，因此它是一种特殊的政府管理形态。

虚拟供应链最早由英国桑德兰大学电子商务中心在1998年的研究项目中提出。我国学者但斌对其进行了定义，认为虚拟供应链是由合作伙伴提供的、中立的信息服务中心所支持组成的动态供应链。[①] 这种供应链的结构是网状的，有助于供应链的优化，并且拥有专门的服务系统，使客户能够对供应链有更多的控制，从而获得更高质量的产品和服务。

结合政府应急管理和虚拟供应链的理念，本书将应急供应链定义为：为保障突发公共事件引起的应急物资生产和供应，由政府提供技术支持平台，并以政府为指挥控制中心组建的动态供应链联盟。这一概念的核心是将供应链管理应用于突发公共事件的应急管理中。

---

① 侯兴哲,但斌. 电能计量中心物流系统建设与管理[M]. 重庆：重庆大学出版社，2013.

(五)应急供应链的目标

应急供应链系统的目标应与政府应急管理目标保持一致,并根据应急管理工作的特点,设定以下四个主要目标:

(1)快速响应能力:应急供应链的核心特性是快速响应能力,以满足应急管理对时间效益的紧迫要求。供应链各节点应能迅速适应环境和任务变化,进行内部和外部的流程重组与优化,确保应急物资的高效及时供应。

(2)信息流、物流、资金流的高效流动:在应急供应链系统中,物流、资金流应在信息流的指导下高效、无误地流动,以实现应急资源的及时供给。信息流的及时性和准确性对整个供应链的效率起着决定性作用。

(3)组织协调:供应链的效率不仅取决于各节点的运作效率,还取决于节点间的关系和运作是否和谐。组织协调是确保系统最佳效能和整体性优势的关键。

(4)动态适应:应急供应链应遵循预防为主、常态与非常态相结合的原则。在平时,应急供应链应做好正常状态下的运作,完成物资储备并确立应急预案。在紧急情况下,应急供应链要能及时组织更多成员加入,增强物资供给能力,并保持系统的有序性和高效性。同时,应急供应链须实时监测应急需求变化,进行动态分析和预测,并根据需求变化和成员企业的供应链运作效率进行动态调整,以适应不断变化的环境。

(六)传统供应链与应急供应链的差异

应急供应链的运作环境与传统供应链有显著不同。传统供应链在常规条件下运作,而应急供应链通常在面对突发灾害或非常态事件时启动。灾害的不可预测性导致应急供应链的需求难以预测,且物资需求会出现峰值,随着事件的发展,对物资的需求也会发生变化。

应急供应链的参与主体更为广泛,包括政府、军队、社会团体、企事业单位及志愿者等,而这些主体之间的合作是动态且不确定的,合作关系相对松散。

在核心目标上,传统供应链追求通过协调实现整体效益最大化,而应急供应链侧重于高度的时间响应性,即使这意味着成本的增加。

应急供应链的协调者通常是政府机构,除了协调手段,还可能采取强制性措施进行管理,这与传统供应链中核心企业的协调角色有所不同。

应急供应链中的决策多为例外事件,需要非程序化的决策支持,因为在突发事件中,时间和信息都是有限的。这与传统供应链中更多涉及例行问题的程序化决策形成对比。

二、基于供应链视角的应急物流优点

(一)传统应急物流中存在的问题

传统应急物流目标过于单一。我国应急物流在目标设定上存在过于单一的问题。虽然时间在应急物流中具有极高的价值，但根据应急物流管理的本质，应急物流需要在保证物资在最短时间内送达的前提下，进行计划、组织与控制，以实现经济价值与费用的节约。速度与时间是应急物流管理的前提条件，但不是唯一目标。然而，在实际运作中，应急物流的目标单一问题更加突出，一旦出现紧急情况，无论是政府还是企业，往往为了单一目标而不惜一切代价。这主要是由于主导应急物流的力量为行政权力，责任部门为了完成行政命令而出现"视野局限于自身任务的情况"，不能统筹考虑应急物流的综合效益问题，导致出现应急物流运作成本高等不良现象。

应急物流运作机制不完善。在我国应急物流的运作过程中，存在一些不完善的地方。从应急物流运作机制角度来看，机制应具有长效性、指导性与可操作性。虽然我国各级政府部门在突发事件中制定了一系列相应规划，但往往是一些指导性文件，实际操作性不强。从指挥角度来讲，应急事件发生时，通常会有一个指挥机构，但分工不够明确，没有统一的指挥分管机构。从协调角度来讲，应急物流运作过程中，各参与部门往往各自为政，缺乏协调，有些参与者是出于道义，有些是统一安排的，各方没有形成有效的衔接，突出表现在信息沟通不畅等问题上。

应急物流监督机制缺失。良好的运作必须建立在完善的监督机制之上，我国应急物流在运作过程中，存在一定程度的监督机制缺失现象。由于时间紧迫，事中的监督与控制机制容易被忽略，事后人们又较关注结果。对应急物流的评价体系也显得不够重视，如对应急物流过程中货物质量、运输质量的评估、对过程与结果的考评等问题。监督机制的缺失直接导致了应急物流运作的盲目性、不规范性、不经济性，甚至造成应急物流中的不道德与违纪现象，这些为应急物流的高效运作带来不确定因素。

（二）供应链视角下的应急物流优点

作为物流管理的高级阶段，供应链管理以需求为导向，以合作与协同为核心，对物流运作服务、柔性与成本进行改进；从更广泛的视角审视供应链上的整个物流环节运作状况，从价值本质角度对物流运作进行优化，使物流最优成为可能。对于应急物流来说，要进一步提高其运作效果，需要从供应链视角对其进行审视。

1. 对组织的优化

从供应链管理的角度来看，物流组织网络呈现出网链结构，这种结构的构建直接影响应急物流的运作效率。在构建过程中，应关注以下三个方面：

（1）确立并发挥核心组织的效能。根据供应链管理理论，高效的供应链体系中有一个核心组织起主导作用，各参与者围绕核心组织进行物流运作。应急物流的特殊性要求核心组织具有强大的影响力,以便调动整个供应链上的物流运作。因此,这个组织应由政府机构承担。与一般供应链组织构建不同的是,应急物流中核心组织的确定及其对整个供应链的控制是由法律法规及行政权力确定的。

(2) 精简并优化应急物流供应链组织。在构建过程中,一方面需要强有力的核心组织与机制为保证,另一方面为实现应急物流对时间的需求,整个供应链结构应尽量精简,以节约运作过程中组织与组织之间的转换时间。因此,从源头到最终实现应急物流,参与者不宜过多。

(3) 吸纳第三方物流及特种物流的组织参与。根据供应链管理理论,最佳的物流供应链组织体系由在每个运作环节都具有核心能力与相对优势的参与者构成,以实现强强联合,优化供应链运作。考虑到应急物流过程的物流条件,如时间的紧迫性、道路的复杂性等,在构建过程中,要充分利用和吸纳社会上的第三方物流企业及专业特种物流提供者,发挥其核心能力,以实现应急物流运作的目标。

2. 对流程的优化

应急物流流程管理是应急物流管理的核心,其目标是通过高效的流程体系实现物资的快速流通。优化应急物流流程应关注整个应急物流供应链,考虑各参与者的内部运作以及整个物流供应链过程。应急物流流程主要包

括需求确定、物资准备、配送和分发等环节,实现流程优化应关注以下四个方面:

(1)建立应急物流转运与配送中心。在物流供应链上设置节点以优化物资流动。在应急物流运作过程中,应在灾区附近或内部建立应急物流配送中心。物资经外部运输后,进行必要的作业,然后运往各个需求点。这可以优化整个应急供应链流程,同时通过暂时储存分拣实现共同配送,防止道路拥堵,提高运送效率。

(2)基于价值的流程环节优化。以价值链理论为指导,优化浪费时间和费用的环节。供应链管理强调从价值本质审视整个流程,优化或去除对价值造成浪费或根本不产生价值的环节。对于应急物流,价值主要表现在时间和费用等方面。找到关键的时间瓶颈并设法解决,同时考虑美国供应链管理者在优化供应链流程管理中提出的"端到端"流程体系。

(3)建立应急物流信息平台。高效流程来自信息的有效集成。应急物流运作中,必须保证信息的高效与流畅,以便为计划运作奠定基础,提高整个运作的灵活性。

(4)重视应急物流中的逆向物流。应急物流运作过程中,应关注逆向物流,将其纳入整个供应链运作体系。逆向物流包括狭义的逆向物流(回收废弃物料中的再利用部分)和广义的逆向物流(废弃物物流)。逆向物流有助于减少资源使用，提高正向和回收物流效率、降低库存水平、缩短供货时间，从而提高应急物流系统的运行效率。

尽管大部分应急物流具有弱经济性特点，但仍需考虑经济效益，避免浪费。在考虑安全目标的同时，开展应急物流时必须考虑其经济性目标。通过逆向回收处理和修复，可以减少新库存物品的生产时间，降低库存水平，在紧急情况下缩短供货时间，提高应急物流系统的时效性和安全性。

3. 对合作模式的优化

供应链管理理论强调供应链成员间的合作，只有充分合作和协同才能实现整个供应链的高效运作。对于应急物流，参与主体多元且地理分布广泛，各组织单位的合作效果和效率直接影响应急物流的运作效果。

（1）合作主体的构成。在我国应急物流运作中，需要进行地区间合作、军民合作和上下游合作等。首先，要处理好这些主体之间的关系。对于地区间的合作，应建立长效的物流合作机制，一旦出现危机，地区间的应急预案就可以启动。以粮食为例，我国粮食产销不平衡，东南沿海作为粮食主销区，在非常规状态下可能出现粮食消费危机，因此，要求东南主销区与东北等主产区在平时就建立合作机制。对于军民合作，我国应急物流组织中，军队起主导作用，需要充分发挥军队的作用，同时也要合理引导民众的参与。民众的合理参与可以对应急物流起到很好的补充作用，但如果参与不当，会对整个应急物流造成一定混乱，因此，在应急物流管理过程中，要注意对民众的合理引导，实现军民之间的合作。应急物流中的上下游需要密切合作以实现运作中的无缝衔接。

（2）合作动因的优化。分析合作动因可以清晰地认识合作的内在机制。在供应链管理中，合作动因可以是发展企业核心竞争力与实现经济利益，即双赢或多赢。在应急物流中，合作动因可以分为内在需求和外在压力两种。内在需求是指合作双方从道义上意识到必须密切合作，将自己融入应急物流供应链中。外在压力是指行政命令式的，这是主要的动因。这种以行政命令为主、道义为辅的情况，可能会出现合作双方合作不密切的现象。从长远角度考虑，应适当开发和利用经济上的合作动因，对合作进行有效激励或对破坏合作的行为进行惩罚。

（3）合作过程的优化。应急物流供应链参与主体之间的合作应改变过去简单的交易和行政合作模式，从长远性、全局性和战略性的角度考虑，优化合作双方的合作目的和方式，使合作更加具有计划性和协调性。要形成常态化的合作关系，制定应急物流合作预案，并通过定期或不定期的互访和演练，使合作更加顺畅。从深度和广度上优化合作模式，甚至创新合作模式。

4. 对绩效评价体系与考评的优化

应急物流虽然具有一定的特殊性，但仍需建立良好的绩效评价体系。一方面，这有助于保证应急物流的正常运行。另一方面，也可以起到一定的激励作用，并为未来的应急物流运作积累经验。

（1）加强应急物流法律法规建设。在应急物流过程中，可能会有个人为了谋取利益而对应急物流设置障碍。应急物流是国家或地区在紧急状态下的救援行为，为确保应急物流的有力、有效，国家应从法律法规方面对相应行为进行规范，防止应急物流运作过程中的不正当行为。

（2）加强运作过程的监督。应急物流应当实施运作过程监督，成立相应的监督与审计机构，制定相应的监督办法。针对实际情况，制订一系列指标，对整体应急物流从时间、质量、经济等角度进行考察，不仅要注重保障应急物资送达灾区，还应特别重视末端配送，处理好整个供应链上"最后1公里"的问题。只有实施全过程的监督，才能使应急物流得到有效控制，这是应急物流配送体系能否真正发挥作用的关键。

（3）对应急物流结果进行合理评价与奖惩。在应急物流任务结束后，应当对整个过程进行评价，并根据结果对参与方进行一定的奖罚。这样，才能更好地总结经验，调动广大参与者的积极性。

三、基于供应链视角的应急物流评价标准

（一）服务质量

应急物流作为供应链系统的一部分，其服务质量应作为评估方案优劣的重要依据之一。与一般供应链相比，应急供应链的特点在于它更强调"急"字，速度和效率成为首要考虑因素。如何在最短时间内迅速筹集所需物资，并使用适当的运输工具和路线将应急物资安全送达事发点显得尤为重要。因此，本书在服务质量这一评价标准下，设计了四个子准则：应急物资的易获性、应急物资运输的及时性、应急物资的到达完好率和运输网络的安全性。

（二）柔性水平

应急供应链需要具备快速响应的特点，然而某些应急预案所需的物资、运输工具、人员调配等可能在短时间内难以实现。因此，在选择应急物流方案时，我们需要考虑预案是否容易协调各方资源，以及当所需资源无法满足时，是否容易找到替代资源。这些因素对于确保应急物流方案的有效性和可行性至关重要。

（三）物流成本

在应急供应链中，成本虽然不像一般供应链系统那样重要，但由于我国经济发展水平有限，在保证效率的前提下降低成本仍是我们需要考虑的

问题。物流成本可分为物资成本、运输成本和社会成本。

物资成本包括平时有一定数量可预见的应急物资库存和快速送达所需的采购成本。运输成本涉及水、陆、空运输方式以及行车路线选择的成本问题。社会成本指突发事件发生时可能需要多方面协助，如社会组织、志愿者、部队等，这些统一归结为社会成本。应急供应链管理应在保证效率的同时，努力降低这些成本。

第二节 应急物流供应链的结构设计

一、应急物流供应链的设计要求

（一）充分考虑各种风险

在供应链的初始设计和构建阶段，就应意识到潜在的突发事件的风险，并根据供应链的结构、环境等特征分析风险因素，区分不同的事件类型，并尽早进行识别。同时，应建立危机管理审计团队，定期或不定期地对供应链的各个环节进行审查。对于那些发生概率较高的危机，应进行实战演习和训练，以测试供应链的韧性和潜在的弱点。

（二）选择可靠的供应链伙伴

在供应链风险管理中，选择合适的合作伙伴至关重要。应当将供应链视为一个统一的整体,而不是将其视为采购、生产、分销和销售等独立功能块的集合。一方面,需要充分利用各合作伙伴之间的互补性,以发挥合作与竞争的优势。另一方面,也要评估潜在伙伴的合作成本和敏捷性。制订全面的供应链合作伙伴沟通计划,并确保及时且有效地执行,包括与媒体、政府和员工等的沟通。通过这种方式,供应链才能有效地发挥成本优势,并应对可能出现的各种突发事件。

(三)重组供应链节点之间的业务流程

在供应链管理的环境下,成员企业之间的信息交流显著增多,为了保持业务流程的一致性,供应链中的各企业必须进行业务流程的重新设计和优化。这包括对企业的采购、制造、营销和物流等流程实施跨企业的协同管理,以减少不必要的交接工作和其他效率低下的问题。通过这种方式,可以加强企业间的业务流程整合,将不可靠性和延迟降至最低,从而提高整个供应链的效率和响应速度。

(四)整合供应链流程,保持供应链的弹性

在当前的供应链管理中,准时制(Just in Time,简称JIT)方法是一种减少库存以降低成本的策略。然而,这种策略在遇到突发事件或需求大幅波动时可能会显得不够灵活。因此,在追求效率的同时,供应链还需要保持适当的弹性。供应链合作中,需求和供应的不确定性是不可避免的。

通过在合同设计中提供相互之间的柔性，可以在一定程度上减轻外部环境不确定性带来的影响，并确保供需信息的有效传递。合同中的柔性设计是减少由外部环境不确定性引发变动的关键策略之一。

（五）改善供应链的结构

根据可靠性工程的原则，并联系统的可靠性通常优于串联系统。因此，在设计供应链时，应尽量避免形成串联结构。例如，对于关键产品，应确保有多个供应商参与供应，以避免对单一供应商的过度依赖。如果某个供应商出现问题，可能会对整个供应链的运作造成影响，甚至导致整个供应链陷入危机。随着供应链节点数量的增加，管理成本也会上升。在考虑成本的同时，应优先关注那些稳定性较低的节点企业。根据可靠性最优分配的理论，如果在系统的关键部位并联一个部件，可以有效提升整个系统的可靠性。因此，对于这些关键企业，应采用同类型的企业进行并联备份，以确保供应链的稳定性和可靠性。

二、应急供应链基本模型

如图 4-1 所示，应急供应链的基本模型体现了应急物资保障工作的流程和主要参与方。从图中可以明显看出，应急供应链与传统商业供应链存在显著差异。首先，应急供应链的上游不仅包括原材料供应商，还包括参与物资捐赠的企业或个人。其次，应急供应链的核心是政府，而不是单一的企业，整个供应链或供应网络都是在政府的指导和协调下高效运作的。

第四章 供应链视角下的应急物流

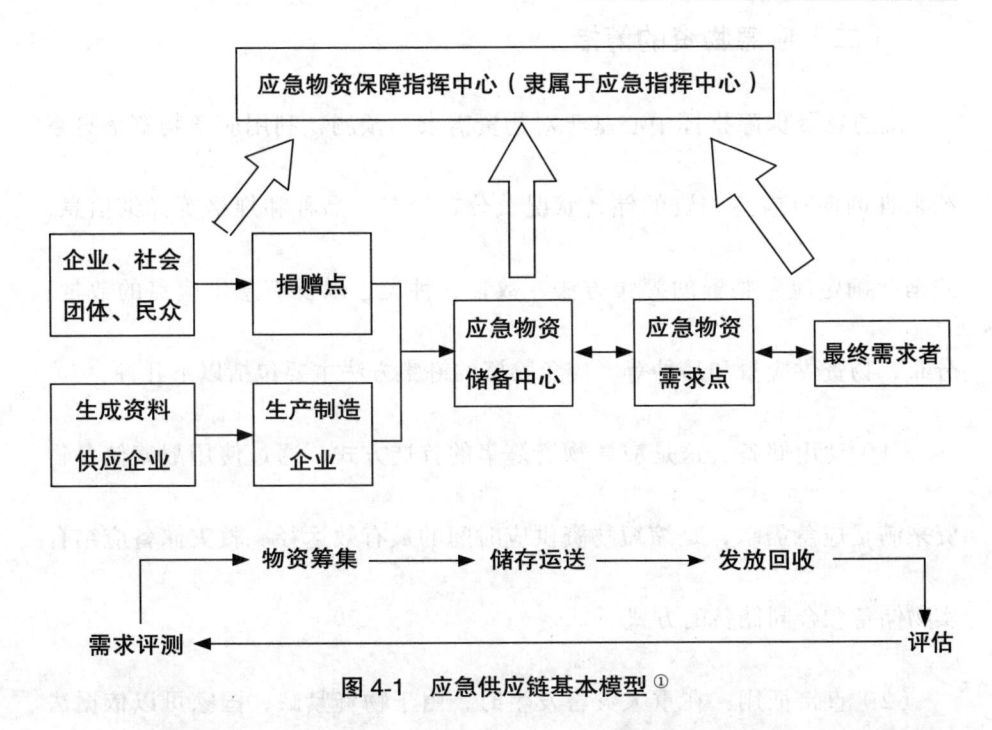

```
                    应急物资保障指挥中心（隶属于应急指挥中心）
                              ↑         ↑         ↑
  ┌─────────┐    ┌──────┐    ┌──────┐    ┌──────┐    ┌────────┐
  │企业、社会 │───→│捐赠点 │───→│应急物资│←→│应急物资│←→│最终需求者│
  │团体、民众 │    │      │    │储备中心│   │需求点 │   │         │
  └─────────┘    └──────┘    └──────┘    └──────┘    └────────┘
  ┌─────────┐    ┌──────┐         ↑
  │生成资料  │───→│生产制造│
  │供应企业  │    │企业   │
  └─────────┘    └──────┘

            ┌──→ 物资筹集 ──→ 储存运送 ──→ 发放回收 ──┐
            │                                      ↓
       需求评测 ←─────────────────────────────── 评估
```

图 4-1 应急供应链基本模型 [1]

应急供应链基本模型的主要流程包括应急物资需求预测、应急物资的筹措、储存和运输、物资发放和回收，以及事后评估。

（一）应急物资需求预测

在面对大规模突发事件时，应急物资保障指挥中心会依据事件的类型、严重程度和影响区域，结合预先制定的应急预案，对所需的应急物资进行初步的需求分析和数量估算。随着事件的发展，指挥中心需要根据应急需求点、物资供应点和存放中心的实时反馈信息，以及物资筹措的最新情况，做出全面的决策。这样的决策过程确保了应急物资的有效调配和及时供应，以应对不断变化的紧急情况。

---

[1] 雷杰，万志鹏，师路路著. 物联网环境下应急物流管理体系与信息系统构建研究[M]. 北京：中国原子能出版社，2021.

（二）应急物资的筹措

应急物资保障指挥中心基于对物资需求的预测，利用应急物资信息系统来查询现有应急物资的储备状况、分布情况、品种和规格等详细信息，并据此确定应急物资的筹集方法、数量、种类，以及应急供应点的数量、分布、物资供应量和品种等。应急物资的筹集方法主要包括以下几种：

（1）动用储备：这是应急物资筹集的首选方式，通过使用战略储备物资来满足应急需求，是缩短物资供应时间的最有效途径。救灾储备应结合实物储备和合同储备的方式。

（2）直接征用：在重大灾害发生时，由于物资紧缺，国家可以依据法律法规，不经过事先的物资采购程序，直接对一些生产和流通企业的物资进行征用，以满足应急需求。之后，根据所征用物资的具体信息进行结算和补偿。

（3）市场采购：当储备和征用无法满足需求时，政府可以根据筹措计划进行集中采购。采购过程中应坚持质量优先、价格合理的原则，引入市场竞争机制，直接向制造商采购，以减少流通环节和成本，加快筹集速度。

（4）社会捐助：在突发事件中，动员社会各界进行捐赠是挖掘社会资源的重要手段。捐赠和支持的物资是应急物资的重要来源之一。

由于社会捐赠的物资种类繁多、规格不一、质量参差不齐、缺乏包装等问题，政府在组织捐赠时应根据灾害发生地点、季节、严重程度和灾区反馈，明确捐赠重点。灾害初期，重点筹集食品、药品等急需物资；救援后期，筹集衣物、生活用品等。要对捐赠的物资进行分类整理，配送到需求地，对暂时无需求的物品进行归类整理。

（5）组织生产：对于一般规模的突发事件，应急物资需求量不大，可以通过动用储备、直接征用、市场采购、社会捐助等方式筹集。但面对大规模突发事件时，常规方式可能难以满足需求，此时需要采用更多筹措方式，如国际援助、组织突击生产等。例如，汶川大地震后，帐篷需求量大，除筹集到的 40 万顶外，还需组织厂家突击生产以满足缺口。

（三）储存和运输

在应急供应链的基本模型中，应急物资储备中心涵盖了国家在各大灾害频发区域设立的中央储备库，以及在各地设立的非政府组织和公众捐赠物资收集中心、救灾物资储备中心和配送中心等。中央储备库承担着储存主要救灾物资的任务。捐赠物资收集中心的主要职能包括对物资进行分拣、整理、包装、储存和配送等。这些中心将社会团体和公众捐赠的物资集中起来，分类包装，通过整车或专列运输，以提高效率和控制救灾物资的运输成本。通过这些收集中心的运作，可以有效提升救灾物资的收集效率，避免实施因季节性变化而重复或无效的救援作业。救灾物资收集中心通常位于未受灾害影响的地区，或者是大量捐赠物资的集中地。

此外，为了满足应急需求，应在灾区附近设立应急物资配送中心，这些中心主要负责临时存放、理货（如药品、食品的组合搭配）和再包装（如加贴救助点编号）等任务。配送中心应设在交通便利、空间可扩展的区域。根据灾区规模，配送中心的具体数量会有所不同，它们之间应通过运输网络实现互相支援和联系。

在应急物资的调度运输方面，应根据实际情况整合社会资源，并与信誉良好、价格合理的物流企业合作，进行协同配送。此外，可以利用大型物流企业已有的供应链和连锁网络，将应急物资迅速投放市场。在紧急情况下，还可以与军方协调，利用军用运输装备、专用线路和设施，以确保应急物资的快速配送。

（四）物资发放和回收

物资需求点的主要职责是接收从应急物资配送中心运来的救援物资，并确保按照分发标准，足额且及时地将物资分配给每一位需要者。此外，物资需求点还充当救灾需求与供应信息交换的关键节点，实时准确地收集灾民对救援物资种类和数量的需求，并根据紧急程度，迅速且准确地将信息反馈给救灾指挥部和捐赠地政府相关部门，以协调救援物资的供需平衡。

对于如帐篷等可回收再利用的救援物资，物资需求点还负责其回收、处理、分类和包装，并将其重新运送回救灾物资储备中心进行储存，以便于重复使用和储备。

（五）评估

在应急救援活动结束后，政府相关部门将对整个事件的处理过程进行综合评估，并向上级部门提交评估报告。在评估过程中，应特别关注物资供应各阶段的指挥决策效率和应急供应链整体运作的效能。为了全面评估应急供应链的管理效果，需要建立一整套绩效评价指标，并运用恰当的绩效评价方法来衡量应急供应链的整体表现、运营过程，以及各成员的贡献。这样的评价体系有助于决策者了解应急供应链的运作成效，识别运营中的不足之处，并据此不断优化和改进应急供应链的管理。

三、集成应急供应链的设计

（一）集成供应链的定义及特点

集成供应链是供应链管理发展的顶点，它代表了供应链各个节点企业基于共同目标，利用信息技术手段形成的动态联盟。组织内的成员通过信息接口连接，实现协同作业，以快速适应市场需求并优化组织目标。集成供应链建立在信息共享和信息流集成的基石上，是信息技术进步到一定阶段的供应链高级形态。它的核心目标是通过各合作伙伴之间的有效协作与支持,提升整个供应链在物流、工作流、信息流和资金流方面的流畅性和响应速度,提升价值流的增值能力。集成供应链能够实现人、技术、组织和信息等多方面资源的优化集成,形成整体的竞争优势。集成供应链表现出管理和组织的非线性特征,包括对市场需求的敏捷响应、运作成本的精益管理及对环境变化的自我适应能力。

(二)基于集成供应链理念的应急物流的定义及特点

应急物流的集成管理,是基于集成供应链理念的一种现代物流管理方式。它采用系统集成的方法,结合先进技术和现代管理技术,实现应急物流的集成化、整体化运作与管控。这种管理方式注重整合性和一致性,其特点主要体现在以下方面:

(1)一体化协同:集成供应链理念下的应急物流能够实现各个环节的紧密联动,确保整个系统在面对突发事件时能够迅速且一致地做出反应,高效启动救援行动。

(2)信息共享平台:与传统的应急物流相比,集成供应链理念下的应急物流运作更加注重信息的横向和纵向整合,构建一个全面的信息共享平台,以提升应急物流的透明度和决策效率。

(3)综合协调管理:集成供应链理念下的应急物流运作,能够对物资的筹集、储存、运输、配送等各个环节进行全面的统筹规划和协调,确保应急物流活动的高效和有序进行。

（三）集成应急供应链的体系

1. 应急物流指挥协调中心

应急物流指挥协调中心是一个专门为应对严重自然灾害、突发公共卫生事件、公共安全问题及军事冲突等突发事件而设立的物流指挥中心。它是应急物流运作的核心机构，负责协调救援物资的筹集、运输、调度和配送等关键任务。

应急物流的指挥协调工作很大程度上依赖于政府职能的发挥。高效务实的政府部门是确保应急物流指挥协调成功的关键。

应急物流指挥协调中心的主要职责是统筹协调救援物资的筹集、运输、调度和配送等工作。中心本身不直接参与物资的采购、储存和运输等具体业务，而是基于收集到的信息，运用集成供应链理念，对整个供应链上的物资采购、储备、运输和分配等方面进行指导，确保应急体系的高效和有序运作。

应急物流指挥协调中心的工作人员包括专职人员和兼职人员。专职人员，如灾害预报预测人员，负责收集、处理和发布灾情信息，提供应急物资和通信技术保障；兼职人员则由政府相关部门的领导、工作人员，以及加盟物流中心、物流企业的领导和专家组成，他们提供各类信息，协调不同部门之间的工作，直接或间接地指挥应急救灾工作的开展。

为了实现应急物流的顺畅、快速和准确指挥协调，及时的信息收集、反馈和任务下达至关重要。因此，应不断完善现有的应急物流指挥协调系统,提升其信息化水平。理想的信息系统应具备强大的功能、高度的适应性和灵敏的反应能力,以便应急物流指挥协调中心能够根据灾情迅速组建区域性或全国性的应急物流体系,实施有效的应急保障,确保整个系统有序、高效、精确地运作。

2. 物资供应端

应急物资的供应渠道通常包括国家储备、政府购买及社会捐赠,其中国家储备在早期阶段占据了主导地位。与常规物资不同,应急物资具有不确定性、独特性、时间敏感性和供应滞后性等特征。为了确保在紧急事件发生时能够迅速且可靠地获取必需的物资,必须深刻理解应急物资的这些特性,并全面了解其需求、供应商和地理分布等信息。

在应急物资的筹集过程中,应采用集成供应链的管理理念,根据当时的具体环境和客观条件,对供应链的供应端进行统一的协调集结,或者直接进行配送,以确保物资能够高效、有序地到达需要它们的地方。这种管理方式有助于优化应急物资的供应流程,确保在紧急情况下能够迅速响应市场需求。

3. 物流集散中心

物流集散中心,类似于区域物流中心,扮演着区域内外货物交换的重要枢纽角色。它负责对应急物资进行分类、打包、装卸、存储和运输,同时确定所需应急物资的种类，并与生产商签订生产合同，安排订单和配送方式。物流集散中心的作用不仅在于保障灾区所需的救灾物资，还在于作为社会捐赠和外部输送物资的集中处理点处理应急物资。

在中国，随着区域物流中心和应急物资储备仓库的逐步建立，重要的城市和地区都已具备了应对突发事件的物流基础设施。一旦发生突发性事件，应急物流指挥协调中心可以根据实际情况，将部分区域物流中心和仓库转变为物流集散中心，以有效地管理和分发应急物资。这样的物流转换能力是确保应急响应迅速和有效的重要保障。

4. 物流配送中心

在应急情况下，应急物资的配送作业面临着时间紧迫、任务繁重、要求严格和难度较大的挑战。这要求物流配送中心在接到应急物流指挥协调中心的配送任务前和任务完成后，及时掌握灾区的最新情况，并对现有物资进行有效的规划。同时，制定多种配送预案，以确保高效、有序地完成配送任务。

在配送过程中，如果灾情发生变化，某些特殊应急物资可能会出现供应不足的情况。在这种情况下，物流配送中心可以发挥协调作用，确保这些特殊的应急物资能够被更多的人共享，以满足灾区的需求。

采用基于集成供应链理念的物流配送方式，既符合全社会共同抗击灾害的原则，又能在一定程度上缓解应急物资供应紧张的局面。此外，这种方式还能整体提升物流配送的服务水平，确保在紧急情况下，物资能够迅速、有效地送达需要它们的地方。

5. 物资需求端

在突发事件发生时，由于通信设施的损毁、现场秩序混乱、时间紧迫等因素，应急物流指挥协调中心往往难以获取准确的需求信息，这使得快速且科学地保障物资供应变得困难。因此，我们需要在平时就对可能发生的严重自然灾害、突发公共卫生事件、公共安全问题及军事冲突等情况进行预测，并对发生地的地理特性、人口分布、人口结构等相关因素进行分析，以预测物资的需求量。

灾情发生时，首先要合理选择应急物资的发放点，确保物资能够迅速配送到受灾群众和具体受灾地区。其次，要及时收集并反馈需求信息。随着应急活动的推进，应急物资的需求种类、紧迫性及数量都可能发生变化，因此，需要及时更新信息，关注需求的变化，确保应急物流运作的连续性和高效性。这样，整个应急物流体系才能保持灵活响应，满足不断变化的救援需求。

四、应急供应链的风险评价

（一）应急供应链的风险及其特征

应急物流风险涉及应急物流运作在既定的成本、时间和技术等限制条件下，实际成果与预期成果之间的偏差。这种风险涵盖了所有可能的风险事件及其之间的相互作用，其本质是风险事件发生的可能性及其可能带来的后果的复合体。

应急物流领域存在多种风险，为了更有效地识别和控制这些风险，将其分为四类：技术风险、环境风险、管理风险和操作风险。应急物流风险具有以下特点：

（1）隐匿性：由于应急物流的固有特性，其中的风险并不总是显而易见的，往往隐藏较深，难以察觉。且某些风险的生命周期短暂，可能突然爆发，等到被发现时，往往已难以有效控制。

（2）动态性：应急物流风险不是固定不变的，它具有显著的动态变化特点，这体现在两个方面：一是随着时间推移，风险呈现出不同的状态。二是在应对应急物流风险的过程中，资源和风险处理方法的变动及风险构成因素的变化都会导致风险状态出现阶段性变化。

（3）时效性：应急物流风险的爆发通常突然且节奏迅速，这要求在风险管理中实现快速的风险识别、准确的评估、及时的处理和实时的监控。应急物流风险的动态性进一步强化了其时效性。

（4）关联性：应急物流中的风险及其相互关系可能并不清晰，并且它们可以存在于应急活动的各个环节和层面中。例如，它们可能存在于物流管理中心，也可能存在于配送、仓储或运输操作中。同时，气候风险等风险可能导致运输和配送过程无法快速进行，进而引发进度风险。

（二）应急物流的风险分析

风险分析是一个涉及识别、评估和分类风险的持续循环过程。这一过程的输出通常包括风险类型、风险发生的可能性，以及风险一旦发生可能导致的后果的性质。在风险管理中，风险分析往往是最具挑战性且耗时最长的环节。

1. 应急物流的风险辨识

应急物流运作受多种风险因素的影响，这些因素之间关系复杂且各自导致的后果严重程度不一。风险辨识是一个关键步骤，它涉及对应急物流运作的各个方面和关键技术过程进行细致的研究，以便识别并记录所有潜在风险，并对这些风险的可能后果进行定性评估。风险辨识是风险分析的基础，它帮助我们确定哪些风险需要关注，它们的主要成因是什么，以及这些风险可能导致的影响程度。

在进行风险辨识时，应采取系统性的方法，将复杂的风险因素分解为更简单、更易识别的基本单元。然后，从这些单元之间的复杂关系中揭示风险因素的本质联系，并分析它们对应急物流运作造成变化的程度。常用的风险辨识方法包括结构分解法、故障树法、头脑风暴法、德尔菲法及幕景分析法等。为了提高风险辨识的准确性和全面性,参与风险辨识的人员应尽可能包括应急物流管理团队、风险管理小组及不同风险领域的专家。

在此主要从技术、环境、管理、操作四个方面对应急物流运作的五个阶段的风险因素进行辨识,如图 4-2 所示。

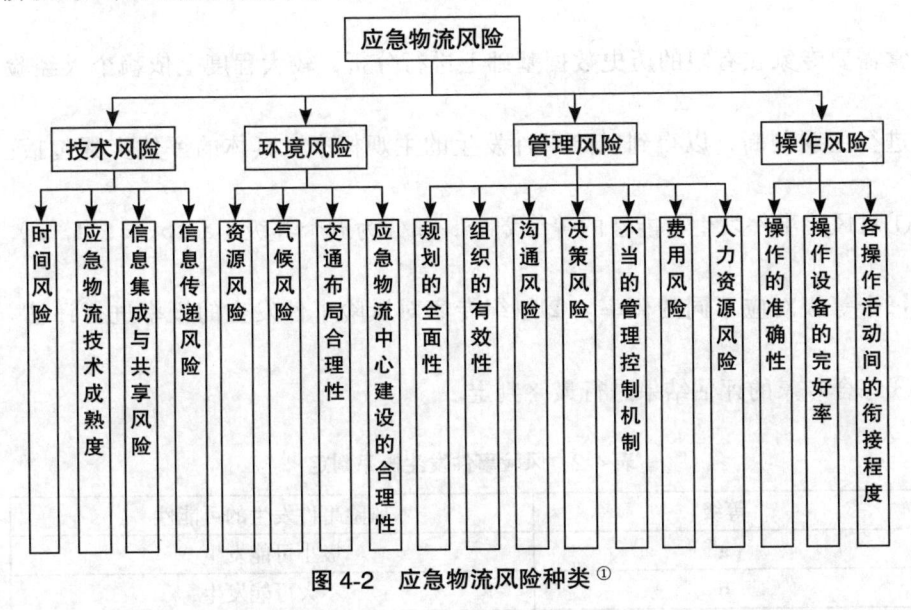

```
应急物流风险
├── 技术风险
│   ├── 时间风险
│   ├── 应急物流技术成熟度
│   ├── 信息集成与共享风险
│   └── 信息传递风险
├── 环境风险
│   ├── 资源风险
│   ├── 气候风险
│   ├── 交通布局合理性
│   └── 应急物流中心建设的合理性
├── 管理风险
│   ├── 规划的全面性
│   ├── 组织的有效性
│   ├── 沟通风险
│   ├── 决策风险
│   ├── 不当的管理控制机制
│   ├── 费用风险
│   └── 人力资源风险
└── 操作风险
    ├── 操作的准确性
    ├── 操作设备的完好率
    └── 各操作活动间的衔接程度
```

图 4-2 应急物流风险种类[①]

2. 应急物流的风险评估

风险评估是一个结构化的流程,它对已识别的风险事件进行深入研究,以细化风险描述,并确定这些风险事件发生的可能性及其可能造成的后果。这一过程将风险数据转化为决策所需的信息,作为连接风险辨识和风险控制的中介环节。在应急物流领域,风险评估的一个核心挑战是数据收集,由于紧急情况下数据难以准确获取,定量分析变得困难。

---

① 雷杰,万志鹏,师路路. 物联网环境下应急物流管理体系与信息系统构建研究[M]. 北京:中国原子能出版社,2021.

在评估风险事件发生的概率时，通常需要依据历史数据来确定风险的概率分布。如果风险管理人员缺乏足够的历史数据，可以采用理论概率分布进行估计。在没有历史资料可参考的情况下，风险管理人员需依据自身经验进行主观概率估计。应急物流风险事件的发生概率难以直接量化，通常需要专家在有限的历史数据基础上进行分析，较大程度上依赖个人经验进行主观判断，以得到风险事件发生的主观概率。具体的评估步骤包括：①对风险事件发生可能性的等级划分，如分为五个等级（a, b, c, d, e），每个等级对应不同的概率。②组织专家对风险事件发生的概率进行评估。③综合专家的评估结果进行最终判定。

表 4-2 风险事件发生概率判定[①]

等级	风险事件发生的可能性
a	极小可能发生
b	不大可能发生
c	很可能发生
d	极有可能发生
e	接近肯定发生

（1）应急物流风险的等级划分。风险等级表示潜在风险对项目的影响程度，是对事件发生概率和事件后果的一种综合度量，在此将应急物流风险等级分为高、中、低三级。然后依据表 4-3 利用风险评估的结果进行风险等级划分。

---

① 雷杰,万志鹏,师路路.物联网环境下应急物流管理体系与信息系统构建研究[M].中国原子能出版社,2021.

表 4-3 应急物流风险矩阵[①]

	a	低	低	低	低	中
	b	低	低	低	中	中
	c	低	中	中	中	高
	d	低	中	中	高	高
	e	低	中	高	高	高
		V1	V2	V3	V4	V5
				结果		

a 到 e 表示风险发生概率由低到高，V1 到 V5 表示风险结果严重程度由低到高。

（2）应急物流风险综合信息表。根据对供应链中风险的种类、可能发生的概率及产生的结果对风险等级进行评估，并做出防范风险的计划。根据这些情况总结出应急物流风险综合信息表，如表 4-4 所示。

表 4-4 应急物流风险综合信息表[②]

风险种类	风险事件	发生概率	后果	风险等级	风险防范计划
技术风险	时间风险	e	降低响应速度及交货柔性	高	利用现代通信技术提高信息传输速度及实施科学运作管理，加强对应急物流各环节的实时控制
	应急物流技术成熟度	d	降低运作的有效性、可靠性，影响运作的进度	中	充分利用现代较成熟的技术，积极发展先进的应急物流技术
	信息集成与共享风险	e	降低信息准确性、时效性及信息系统的先进性	高	采用应急反应电子信息公用数据标准，实现政府、地方与市民之间的信息共享一体化
	信息传递风险	d	降低信息传递速度、质量	高	设计合理、稳健的应急物流管理信息架构，提高信息系统运行的可靠性
环境风险	资源风险	b	影响运作进度，降低应急物流运作的连续性	中	加强有关应急物资的储备，并提高在应急情况下的资源获取能力

① 雷杰,万志鹏,师路路.物联网环境下应急物流管理体系与信息系统构建研究[M].北京：中国原子能出版社,2021.

② 王海燕.应急物流供应链研究[M].武汉：武汉理工大学出版社,2021.

(续表)

风险种类	风险事件	发生概率	后果	风险等级	风险防范计划
环境风险	气候风险	d	降低运输、配送及其他环节的可操作性	中	分析气候对物流运作的影响，加强在不同气候下的适应性应急训练，做好充分应对措施
环境风险	交通布局合理性	d	影响运输、配送环节的效率	中	在现有交通布局的条件下，充分优化物流运作的高效性
环境风险	应急物流中心建设的合理性	d	影响对应急事件的反应方式和速度	高	进一步加强应急物流中心的规划设计与运作管理
管理风险	规划的全面性	d	降低运作的柔性、影响运作进度	高	加强应急物流运作机制和管理的研究，深入分析应急物流运作的影响因素
管理风险	组织的有效性	d	降低运作的协调性、一致性及效率	高	加强应急物流机构运作流程及不同应急机构间的沟通和联系
管理风险	沟通风险	e	降低运作环节的无缝性及协同运作的能力	高	充分利用现代信息技术，建立多种沟通渠道，加强合作关系，实施有力监督
管理风险	决策风险	d	降低运作目标的正确性、清晰性	中	掌握充足的信息，组建有效的决策团队并基于历史数据构建高效的智能决策支持系统
管理风险	不当的管理控制机制	d	降低物流运作的可控性、增加随机性	高	构建完整的风险管理结构和系统的运作体系，实时进行运作评价并及时修正反馈
管理风险	费用风险	e	给应急物流运作费用带来超支的可能	中	明确各机构的任务，合理进行运作费用预算，提高对技术运用、对运作进度的控制力
管理风险	人力资源风险	e	降低运作管理的智力支持	高	加强应急物流管理人才的挖掘、培训
操作风险	操作的准确性	d	影响运作的进度	中	加强平时应急操作的训练，熟悉操作设备的性能
操作风险	操作设备的完好率	d	影响运作的进度、增加费用	中	加强平时应急设备的保养，提高维修技能
操作风险	各操作活动间的衔接程度	d	影响进度及运作目的的达成	中	加强操作的实时控制，提高各个操作机构自身各阶段及机构间活动衔接的无缝性

五、应急物流供应链的可靠性

(一)应急物流供应链可靠性的概念

可靠性是衡量系统无故障运行能力的一个指标。根据国家标准化管理委员会的相关文件,可靠性被定义为产品在既定时间和条件下,能够完成既定功能的能力。

由于应急物流的目标独特、任务艰巨,它对可靠性的需求超过了常规供应链。应急物流的特性,包括突发性、事后选择性、基础设施的临时性、流量的不均衡性、信息的不对称性和经济性的薄弱,要求其供应链具有更高的可靠性。结合供应链可靠性的定义和应急物流供应链的运作目标,我们可以将应急物流供应链的可靠性定义为在整个应急物流供应链的实施过程中,确保救援对象或救援实施者能够在需要的时间内获得满足其需求的应急物资的能力。

(二)应急物流供应链可靠性的模型及评价指标体系

1.应急物流供应链的实现流程

应急物流供应链的实现大致分为应急物资的采购、储备和筹措,应急物资的运输、配送,应急物资的分配等流程,见图4-3所示。

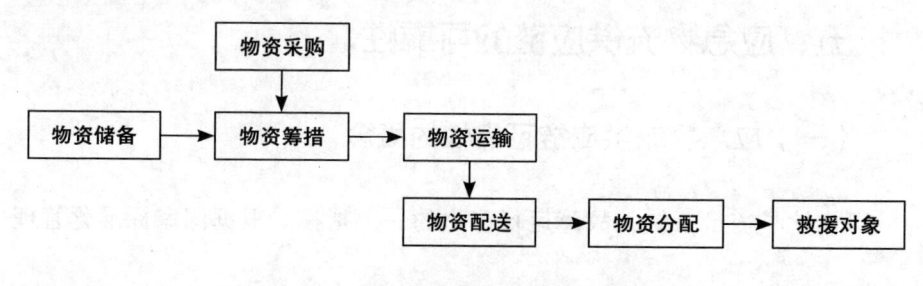

```
        ┌──────────┐
        │ 物资采购 │
        └────┬─────┘
             ↓
┌────────┐ ┌────────┐ ┌────────┐
│物资储备│→│物资筹措│→│物资运输│
└────────┘ └────────┘ └────┬───┘
                           ↓
        ┌────────┐ ┌────────┐ ┌────────┐
        │物资配送│→│物资分配│→│救援对象│
        └────────┘ └────────┘ └────────┘
```

图 4-3　应急物流供应链的实现流程[①]

应急物资的采购、储备与筹措构成了应急物资保障的基础和初始步骤。尽管我国已经建立了 10 个中央应急救灾物资储备库，但目前储备的物资种类有限，难以满足新形势下应急救援的需求。因此，筹措工作的质量直接影响到物资保障的水平以及应急物流目标的实现，它是应急供应链可靠性的基石，应当确保物资的获取能够满足及时、快速、性价比高、种类繁多、数量充足且适用性强的基本标准。

应急物资的运输和配送是实现物资空间位移的关键环节，对于应急物流供应链的可靠性至关重要。在自然灾害发生后，运输和配送过程可能会受到道路破坏、基础设施损毁、恶劣自然条件等不利因素的影响。

物资的发放是应急物流供应链的最终环节，也是其不可或缺的一部分。其目的是对受灾人群进行救助，或阻止灾害的进一步扩散，以最大限度地减少受灾系统的损失。这一环节通常涉及复杂的处理对象、大量的处理任务及紧迫的处理时间。

---

① 王海燕. 应急物流供应链研究 [M]. 武汉：武汉理工大学出版社，2021.

高效的分配机制和管理是实现应急物流供应链高效运作的关键,同时也是影响其可靠性的重要因素。

2.应急物流供应链可靠性模型

在应急物流供应链的流程中,通过对实体流程进行抽象概括,可以构建一个由物资储备和筹措节点、物资运输和配送节点、物资分配节点组成的可靠性模型。如图4-4所示,模型中的M、T、R分别代表这三个关键节点。

应急物流供应链的可靠性取决于三个关键因素:救援对象是否能够获得物资、获得物资的时间是否符合需求方的极限时间要求,以及获得的物资是否符合需求标准。这一模型揭示了应急物流供应链是一个复杂的串联动态系统,其中各个节点因素相互依赖、相互制约,共同作用于整个供应链的可靠性。

因此,为了全面评估应急物流供应链的可靠性,构建一个包含这些节点影响因素的评价指标体系至关重要。这样的体系能够帮助管理者更好地理解和优化供应链的每个环节,确保在紧急情况下能够高效、有效地响应。

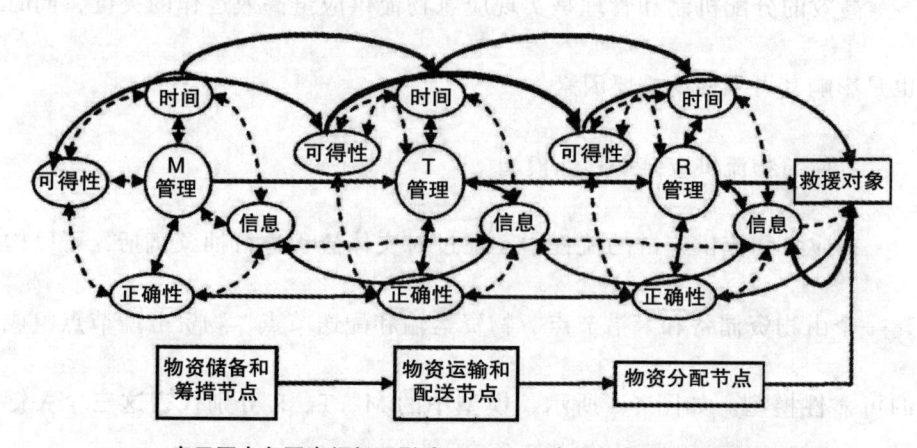

◄--► 表示同点各因素间相互影响　　——► 表示各点同因素间相互影响

图 4-4　应急物流供应链可靠性模型①

3. 应急物流供应链可靠性评价指标体系

对应急物流供应链的物资筹措、运输、配送、分配节点进行分类，给出了不同节点的可靠性评价指标，见表 4-5。

表 4-5　应急物流供应链可靠性评价指标②

目标	系统性	指标性
应急物流供应链可靠性指体系 A	物资筹措节点 M	物资可得性因素
		物资正确性因素
		物资到达时间因素
		信息因素
		管理因素
	物资运输和配送节点 R	物资可得性因素
		物资正确性因素
		物资到达时间因素
		信息因素
		管理因素

---

① 王海燕. 应急物流供应链研究 [M]. 武汉：武汉理工大学出版社，2021.
② 王海燕. 应急物流供应链研究 [M]. 武汉：武汉理工大学出版社，2021.

（续表）

目标	系统性	指标性
应急物流供应链可靠性指体系 A	物资分配节点 T	物资可得性因素
		物资正确性因素
		物资到达时间因素
		信息因素
		管理因素

应急物流供应链中每个节点的可靠性受到多种因素的影响，包括物资的可得性、正确性、到达时间、节点管理、信息等。这些因素在节点内部相互交织，共同影响整个供应链的可靠性。为了全面评估应急物流供应链的可靠性，需要建立一个以三个关键节点为中心的评价指标体系。在表4-6中，我们可以看到这个评价指标体系的具体内容。物资的可得性指的是在接收到需求信息后，节点是否有足够的物资可供使用。物资的正确性则涉及物资是否符合使用要求，以满足需求者的需求。物资到达时间是指物资是否能够在需求方的最大限度时间内抵达节点。

节点管理是确保节点高效运行的关键，它涉及通过优化管理和流程来为节点目标提供管理支持。良好的节点管理是提高可靠性的基础。信息因素则是指节点能否获取或传递必要的正确信息。在应急情况下，由于信息不对称的存在会影响应急物流的运作，及时且畅通的信息交流对于保障可靠性至关重要。

通过这样的评价指标体系，可以对应急物流供应链的可靠性进行更为细致和全面的评估，从而为供应链的优化和管理提供依据。

表 4-6　应急物流供应链可靠性评价指标发生故障的概率[①]

目标	系统性	指标发生故障的概率
应急物流供应链可靠性指标体系 A	物资筹措节点 M	物资可得性因素发生故障的概率（0.1）
		物资正确性因素发生故障的概率（0.05）
		物资到达时间因素发生故障的概率（0.2）
		信息因素发生故障的概率（0.02）
		管理因素发生故障的概率（0.01）
	物资运输和配送节点 R	物资可得性因素发生故障的概率（0.05）
		物资正确性因素发生故障的概率（0.01）
		物资到达时间因素发生故障的概率（0.3）
		信息因素发生故障的概率（0.02）
		管理因素发生故障的概率（0.01）
	物资分配节点 T	物资可得性因素发生故障的概率（0.05）
		物资正确性因素发生故障的概率（0.02）
		物资到达时间因素发生故障的概率（0.1）
		信息因素发生故障的概率（0.02）
		管理因素发生故障的概率（0.01）

4. 提高应急物流供应链可靠性的措施

针对应急物流的特性，提升应急物流供应链的可靠性可以通过以下几个关键措施来实现：

（1）强化应急预案的制定，确保物资通过多种渠道进行有效筹措和充足储备。

（2）建立一个高效的应急供应链协作框架，以增强不同供应链之间的应急响应和合作能力。

（3）发展应急信息系统，提升供应链运作的信息化水平，利用先进的信息技术来提升应急物流供应链的可靠性。

---

① 吴晓志,魏来.突发事件下供应链应急管理研究[M].青岛:中国海洋大学出版社,2023.

（4）完善管理机构，优化管理流程，制定科学的管理规章，并加强流程的监控和管理。

（5）推广现代物料搬运设备的使用，以及在应急物流中实施物流标准化，以提高操作效率和一致性。

第三节　应急供应链的快速响应机制

一、快速响应机制的概念

快速响应（Quick Response，简称 QR）是制造业中准时制供应链管理的核心要求。它通过确保制造商、批发商和零售商的供应链时间同步，最大程度降低库存水平。这一概念最初在美国纺织服装行业中形成，并逐渐发展为一种全面的业务模式，旨在缩短原材料到最终销售点的流转时间，并减少整个供应链中的库存，以此提升供应链的整体运作效率。

快速响应策略已经广泛应用于商业领域。企业越快响应市场变化，就越能够抓住更多商业机会，进而带来更高的利润。快速响应代表了一种创新商业模式，它基于技术支撑的管理理念，强调供应链各环节为共同目标而进行的紧密合作。这些共同目标通常包括提升客户服务水平，确保在正确的时间和地点以正确的商品满足消费者需求，以及降低供应链的总成本，增强零售商和制造商的销售和盈利能力。

快速响应策略的成功依赖于零售商和制造商之间健康的关系。这种新型贸易模式要求双方建立稳固的贸易伙伴关系，提高向消费者供货的能力，同时减少整个供应链的库存和成本。

二、快速响应机制的特点

快速响应市场需求的特性是应急物流中快速反应的核心。通过敏捷的设计、生产和分销流程，迅速交付客户所需的产品和服务，不仅是对当前需求的即时满足，也需要对未来需求的共同预测和持续监控，以便随时做出快速反应。

信息共享对于提升供应链效率至关重要。在供应链内部整合信息，确保合作伙伴间销售、库存、生产和成本等数据的自由流通，能够提升供应链的整体反应速度，确保对客户需求的迅速响应。

资源集成是快速响应市场需求的基础，它涉及企业及其供应链伙伴的核心竞争优势的整合。这不仅包括企业内部资源的整合，还涉及整个供应链合作伙伴资源的整合。

伙伴间的协作对于建立竞争优势至关重要。现代企业竞争不再是单一企业之间的对抗，而是供应链与供应链之间的较量。通过加强合作伙伴间的协作，形成一个比竞争对手更快响应、更有效运作的供应链，是确保整体竞争优势的关键。

利益共赢是供应链运作的基础，合作伙伴间的互利互惠关系对于供应链的稳定运作至关重要。企业追求的不应仅仅是自身利益的最大化，而应是整个供应链利益的优化，必须建立共同生存、共同发展、利益共享的关系。

过程柔性是满足客户个性化需求的基础。在生产过程中，需要具备灵活性，以便根据客户的小批量、多品种和个性化需求快速调整，从而更好地、更快地提供满足客户需求的产品。

三、快速响应机制在应急物流中的重要性

应急物流的特点包括不可预测性、不确定性和时间敏感性等。在应对突发事件时，人们通常希望问题能够尽快得到有效的处理，因此，应急供应链中不同环节之间需要有多种形式的流动，包括物流、信息流和资金流。这些流动的相互支持和对等信息共享能够促进供应链各节点之间的有效沟通，从而提升整个供应链的响应速度和效率。在应急供应链中，快速响应是最迫切的需求。

第五章 各类突发公共事件中的应急物流管理

应急物流是突发公共事件应对的关键组成部分,它为处理这些紧急情况提供了必要的物资支持。本章内容从突发公共卫生事件和突发自然灾害两个角度,详细阐述了突发公共事件的基本概念、分类、特点和危害。同时,也讨论了预防突发公共事件的关键措施及其重要性,以及突发公共卫生事件和自然灾害应急物流管理的基本原则和内容。

第一节 突发公共卫生事件的应急物流管理

本节介绍了全球突发公共事件的概况和应急物流管理的现状,分析了国外在应对突发公共事件方面的成功经验和他们较为成熟的应急体系。同时,也指出了中国在突发公共事件应急体系方面的不足和改进方向。

此外,本节还探讨了应急物流管理在保障突发公共事件应对方面的机制和需要注意的事项,强调了应急物流管理在预防突发公共事件中的重要作用。

一、突发公共卫生事件概述

国务院已经发布并实施了《突发公共卫生事件应急条例》(2011年修订),这凸显了深入探究突发公共卫生事件的预防控制和应急响应的重要性。我国目前的公共卫生救助体系尚不健全,一旦出现突发公共卫生事件,往往无法迅速、高效、完整地传递信息,导致医疗急救设备和物资的及时供应和分配受阻,可能会错失最佳的救援时机。为了未来能够有效预防、及时控制和消除突发公共卫生事件的影响,确保公众的健康和生命安全,研究并实施突发公共卫生事件的应急物流管理变得迫切且必要。

(一)突发公共卫生事件的内涵

根据国务院2006年印发的《国家突发公共事件总体应急预案》,突发公共卫生事件是突发公共事件的一种类型。突发公共事件指的是突然发生,造成或者可能造成重大人员伤亡、财产损失、生态环境破坏和严重社会危害,危及公共安全的紧急事件。

公共卫生不仅涉及卫生工作,它是一项关系到国家或地区人民健康,是通过合理配置卫生资源来保障人口健康的公共事业。一个健全的公共卫生管理体系应包括疾病防治预警系统、监控系统、疫情报告体系和社区防控体系等多个方面,涵盖更广泛的范围。

突发公共卫生事件主要指突然发生，造成或者可能造成社会公众健康严重损害的重大传染病疫情、群体性不明原因疾病、重大食物中毒和职业中毒，以及其他严重影响公众健康的事件。这些事件通常是不可预测的，具有公共卫生属性，危害性和影响程度达到一定程度。

重大传染病疫情是指某种传染病在短时间内广泛传播，导致出现大量病例或死亡，发病率远超正常水平。例如，1988年上海甲型肝炎爆发和2004年青海鼠疫疫情都属于重大传染病疫情。

群体性不明原因疾病是指在短时间内，某个区域内出现共同临床表现的患者群体，病例数量和范围持续增加，但暂时无法明确诊断。

重大食物中毒和职业中毒是指因食品污染和职业危害导致的大量或严重伤亡的中毒事件。

其他严重影响公众健康的事件是指具有突发性、针对不特定社会群体、造成或可能造成严重健康损害、影响社会稳定的重大事件。

（二）突发公共卫生事件的特点

1. 突发性

尽管突发公共卫生事件可能在某些情况下会有征兆和预警，但它们的确切发生时间、地点往往难以精确预测和迅速识别。这些事件通常出乎意料地发生，让人们措手不及，使得准确理解事件的起因、规模、发展态势、趋势以及其深度和广度变得困难。恐怖袭击、自然灾害引发的重大疫情、重大食物中毒等事件都属于这一类。

2. 社会危害性

突发公共卫生事件对人类的生存和发展具有直接影响，与每个人的利益紧密相连。这类事件不仅会对人民群众造成身体、经济和心理上的损害，还可能动摇政治稳定，干扰经济建设和日常工作生活秩序，并在极端情况下威胁到人类的存续。因此，对突发公共卫生事件的应对和管理是至关重要的。

3. 复杂性

首先，突发公共卫生事件的成因极为复杂，涵盖了自然和人为两大类。自然灾害如地震、台风、沙尘暴、海啸等可以直接引发公共卫生事件；而人为因素如战争、重大交通事故等也可能导致此类事件的发生。特别是新型传染病，它们属于人类未知的领域，由于病毒和细菌的自然变异极为频繁，识别和研究这些对人类有害的微生物，并找到应对它们的办法，是一项极为复杂且艰巨的任务。截至目前，人类已经发现了百余种传染性疾病，而在近 30 年内新发现的传染病就有 40 余种，几乎每年都会有新的传染病出现，且数量呈逐年增加的趋势。

其次，突发公共卫生事件的后果同样复杂，它们通常波及广泛的地域和大量的人口，并且容易引发多米诺骨牌效应和涟漪效应，从而对社会造成深远的影响。

4. 紧迫性

突发公共卫生事件的特点是发展速度快，如果不能迅速应对，将会导致重大损失。事件管理者需要在有限的时间内收集和分析关键信息，了解事件的起因、严重程度和影响范围，并制定出有效的应对策略。因此，实施一系列紧急应对措施是必要的，以便在短期内控制事态的发展。以2003年中国暴发的非典疫情为例，由于当时人们对这种新型传染病了解不足，加之主客观因素的限制，导致在初期未能采取充分的预测、预警和防范措施，从而使疫情迅速扩散。

5. 国际互动性

随着全球化步伐的加快，突发公共卫生事件的国际连锁反应日益明显。在经济全球化推动下，人员和物资的广泛流通加速了疫情的国际传播。重大传染病可以通过交通、旅游、物流等多种途径跨越国界，远距离传播，影响不同民族、种族和社会群体，跨越不同的文化和社会制度。这种跨国界的传播使得某些公共卫生事件不仅对疫情原发地区造成严重影响，也可能对其他地区乃至全球带来灾难性的后果。例如，禽流感在中国的周边国家暴发后，中国也经历了禽流感疫情。

（三）突发公共卫生事件的分类

突发公共卫生事件可以根据其成因、影响范围和引发紧急状态的因素进行分类。

1. 按发生原因分类

根据成因，突发公共卫生事件通常可以分为：

（1）生物病原体所致疾病

突发公共卫生事件主要包括传染病（包括人畜共患传染病）、寄生虫病、地方病的大面积流行、爆发性流行或导致的死亡案例；预防接种或预防性服药引发的群体性异常反应；以及群体性医院感染等情况。例如，在1986年9月至1988年4月期间，新疆南部和田地区的洛浦县出现了首例戊型肝炎病例，随后该病在喀什和克孜勒苏柯尔克孜自治州蔓延，波及23个县，持续了20个月，累计发病119280例；而在1988年1月至3月，上海市爆发了甲型肝炎疫情，波及12个市（区），累计发病29230例，这起事件爆发的原因是市民食用了被甲型肝炎病毒严重污染的毛蚶，并且缺乏相应的抗体免疫保护。

（2）食物中毒事件

食物中毒是指人类摄入含有生物性或化学性有毒物质的食品，或误将有毒物质当作食品摄入，导致的非传染性急性或亚急性疾病。这类疾病可能包括农药、鼠药等化学物质的中毒，细菌性食物中毒，有毒动植物的中毒，以及原因不明的食物中毒等。例如，在1987年10月14日，四川省攀枝花市的9所小学的3195名师生因在课间饮用了一家豆奶厂当日生产的豆奶而中毒，其中2181人受到影响，664人需要住院治疗。这起中毒事件的原因是饮用了未完全加热的豆奶，其中含有生豆浆毒素。另一起事件发生在1989年8月下旬的福建省三明市，一家饮料厂使用了被鼠伤寒沙门菌污染的鸡蛋作为原料，并且在高温环境下过量生产，以及生产工具未进行消毒处理，从而导致1113人中毒。

（3）有毒有害因素污染等造成的群体中毒、死亡或危害

这类事件通常源于环境污染，如水污染、空气污染、放射性污染等，它们往往影响广泛，并且可能对后代造成严重损害。例如，1996年12月，江苏省宜兴市一家废品回收加工厂因为不当处理含有氰化物的工业废渣，导致10吨废渣中含有氰化物，这些废渣的堆放和处理不善造成地下水和土壤污染，进而引发了邻近547名居民出现氰化物中毒事件。

（4）自然灾害引发疾病

突发自然灾害，如地震、火山爆发、泥石流、山体滑坡、台风、洪涝等，会带来一系列严重的公共卫生挑战。这些灾害可能导致房屋倒塌和人员受伤，破坏生态环境，扰乱生态平衡，扩大疫源地，恶化环境条件，尤其是水源污染可能导致传染病的暴发和流行。此外，资源短缺可能导致营养不良和食物中毒，而高温天气可能增加中暑的风险。例如，1931年长江洪水泛滥期间，中国9个省份出现了霍乱，发病超过10万例，死亡超过3万人。1991年，湖北省水灾期间，约500万抗洪军民接触了疫水，导致上万人感染血吸虫病。

（5）意外事故

重大安全事故，如煤矿瓦斯爆炸、飞机坠毁、车辆翻覆和沉船等，通常在缺乏预警和准备的情况下发生，因此往往导致严重的人员伤亡和经济损失。

（6）不明原因引起的群体发病或死亡

这类事件通常由于原因未知，导致公众缺乏必要的防护措施和治疗知识，同时缺乏专门的监测和预警系统，从而使得事件的后果极为严重，且控制难度大。以非典为例，疫情初期，由于对病原体的认识不足，尽管意识到这是一种具有相同症状的疾病，但对其发病机理、诊断标准、传播途径等信息了解不多,这构成了群体性不明原因疾病的经典案例。随着科学研究的不断推进,我们才逐渐揭示出病原体是一种冠状病毒的变种。

2. 按照事件危害程度划分

突发公共卫生事件根据其性质、危害程度和影响范围,被分为四个等级:Ⅰ级(特别重大)、Ⅱ级(重大)、Ⅲ级(较大)和Ⅳ级(一般),分别用红色、橙色、黄色和蓝色作为标识。

(1)特别重大突发公共卫生事件

特别重大的突发公共卫生事件定义为那些在广泛区域内已经扩散或可能进一步扩散的疫情,其原因可能不明确或虽然已知但影响的人数极为庞大,已对社会稳定造成影响,甚至导致大量死亡的事件。

特别重大的突发公共卫生事件主要包括以下七种情况:

①肺鼠疫或肺炭疽在大、中城市发生并呈现扩散迹象,或疫情跨越两个以上省份且有扩大趋势。

②传染性非典型肺炎、人感染高致病性禽流感病例出现并呈现扩散迹象。

③多省份发生的群体性不明原因疾病,且病情有扩散的风险。

④新型传染病发生或已知传染病在我国的新发或再次流行,且有扩散迹象,或我国已消灭的传染病重新出现。

⑤烈性病菌株、毒株、致病因子等的丢失事件。

⑥周边国家或与我国有通航关系的国家和地区发生特大传染病疫情，并已出现输入性病例，严重威胁我国公共卫生安全。

⑦国务院卫生行政部门认定的其他特别重大的突发公共卫生事件。

突发公共卫生事件根据引发原因，可以分为自然灾害导致的和人为因素或社会动乱导致的两大类。

（2）重大突发公共卫生事件

重大突发公共卫生事件指的是那些在较大区域内已经广泛传播或有可能进一步扩散的公共卫生危机，其原因可能不明确或虽已知但影响的人数众多，且可能导致较多的人员死亡。

（3）较大突发公共卫生事件

较大的突发公共卫生事件定义为那些在较广区域内已经扩散或可能进一步扩散的疫情，其原因可能不明确或虽然已知但影响的人数较多，甚至可能导致少数人死亡。

（4）一般突发公共卫生事件

一般突发公共卫生事件指的是那些局限于特定区域内，尚未或不可能出现广泛扩散，或者尽管有明确原因但未导致死亡的公共卫生事件。

（四）突发公共卫生事件的影响

我国每年因突发公共事件所遭受的损失是巨大的。根据国家行政学院公共管理教研部教授李军鹏提供的资料，2003年，我国因生产事故损失2500亿元，自然灾害损失1500亿元，交通事故损失2000亿元，卫生和传染病突发事件损失500亿元，总计达到了6500亿元，约占当年我国GDP的6%。中国人民大学劳动人事学院副院长郑功成的统计显示，2004年，全国发生了561万起各类突发事件，导致21万人死亡，175万人受伤；全年自然灾害、事故灾难和社会安全事件造成的直接经济损失超过了4550亿元。[①]据不完全统计，自然灾害和人为事故导致的死亡人数位居死因顺位前五位，若加上由疾病暴发引起的死亡，突发事件导致的总死亡人数甚至位列死亡原因顺位的前三位。突发公共卫生事件对人类生命和健康构成了严重威胁，对生命财产安全带来了巨大的风险。

此外，突发公共卫生事件造成的间接损失也不容忽视。由于这类事件的影响范围广泛，一方面，会对人们的身心健康造成长期伤害，留下心理阴影。另一方面，事件具有很强的外部性和可见性不足，容易导致谣言和不准确信息的传播。这些事件还可能涉及社会的不同利益，具有高度的敏感性和连带性，处理不当可能会引发社会混乱，进而影响社会经济、政治

---

① 李军鹏.公共服务学:政府公共服务的理论与实践[M].北京:国家行政学院出版社，2006.

发展及政府的国际形象。同时，事故灾害发生后，更多的人可能会在各种突发事件中受到伤害，公众的生活节奏会被打乱，心理也会受到重创，这不仅会影响一个地区、一个国家，甚至可能对全球经济造成影响。

二、重大突发公共卫生事件应急物流管理

重大突发公共卫生事件的应急物流是指在应对此类事件时所展开的一切物流活动，涵盖物资采购、运输、储存、搬运、包装、流通加工、配送等环节，还包括物流设施与装备的使用、管理和信息处理等。这些活动的目的是提供公共卫生事件所需的应急物资，并以最大化时间效益和最小化灾害损失为宗旨。

2003年的非典疫情和2004年的禽流感等突发公共卫生事件给我国带来了巨大的损失，不仅经济遭受重创，还严重威胁到人民群众的身体健康和生命安全。通过加强公共卫生事件的评估、分析、研究和预防工作，我们可以显著减少这些损失。如果对突发公共卫生事件进行深入分析并提前制订计划，建立一个完整的应急体系，而不是在疫情发生后才匆忙应对，那么多数人可能会免于死亡。

在这种背景下，突发公共卫生事件的应急物流应运而生。这是政府、医疗机构、疾病监控中心等相关单位和全社会为了减少公共卫生事件带来

的灾害而展开的一系列物资筹措、储备、管理、运输和发放活动的综合。这些活动贯穿于突发公共卫生事件的整个防治过程。

突发公共卫生应急物流是一个复杂的人—社会—经济系统工程，它依赖于现代科学技术，需要全局统筹和全社会力量的协同参与。我国在处理突发公共卫生事件应急物流方面存在一些问题，如信息不准确、反应速度慢、应急准备不足等。因此，建立一个统一、高效的突发公共卫生事件应急物流处理机制，是保障公众身体健康与生命安全，维护社会稳定的基本要求。

（一）突发公共卫生事件应急组织

我国在应对突发公共卫生事件方面，涉及多个部门和机构的协同合作。这些部门包括卫健委、地方卫生行政部门、医疗保健和卫生防疫机构，以及相关的社会单位等。一旦发生公共卫生事件，必须迅速组建公共卫生事件应急处理指挥部，其职责涵盖了突发事件的监测与预警、信息收集与分析、技术监测机构任务、事件分级与应对方案、预防措施、现场控制、应急物资与技术储备调度，以及专业队伍的构建与培训等多个方面。

卫健委成立了突发公共卫生事件应急办公室，并建立了应急指挥中心。各级卫生行政部门均建立了应急指挥机制，一旦遇到重大疫情等公共卫生事件，能够立即启动调查处理和医疗救治，并迅速向地方党委和政府汇报，提出相应的应对措施及建议。

此外，全国突发公共卫生事件应急指挥与决策系统已于 2007 年年底建成，这标志着我国在公共卫生事件应急处理方面迈出了坚实的技术支持步伐。

（二）突发公共卫生事件应急物流预案

突发公共卫生事件应急预案是指为应对可能出现的重大公共卫生事故或灾害，确保能够迅速、有序、有效地执行应急救援行动并减少事故损失，而提前制定的一系列应对措施和恢复流程的协议或计划。应急预案的制定是一个系统过程，它包括设定目标、制定发展战略、确立管理方法、编制详细的执行计划，并成立或指定专门机构来执行这一过程，同时还需要对预案进行评估和完善。

应急预案旨在为可能的突发公共卫生事件提供快速、高效、有序的应急行动指导，它详细规定了在事件发生前后以及事件过程中的各个阶段，谁负责行动、如何行动、何时行动，以及相应的资源分配和策略运用。

1. 突发公共卫生事件应急物流预案的要求

在制定突发公共卫生事件应急物流预案时，应遵循以下七个基本原则：

（1）科学性：预案的制定应基于科学研究和数据分析，确保其合理性和有效性。

（2）全面性：预案应覆盖所有潜在的公共卫生事件，不论其发生概率大小，并涉及所有相关利益相关方，以及事件管理的全过程。

（3）简洁性：预案的语言应简洁明了，便于快速理解和执行。

（4）详尽性：预案内容应尽可能具体，明确到每个职责的具体执行者和执行方法。

（5）权威性：预案须获得相应的法律或行政授权，确保执行过程中的权威性和顺畅性。

（6）灵活性：预案应预留足够的空间以应对不可预见的特殊情况，保证快速响应能力。

（7）可扩展性：预案应定期进行评估和更新，并在必要时进行调整，以适应新的挑战和需求。

2. 突发公共卫生事件应急物流预案的分类

根据突发公共卫生事件可能影响的范围和所需的应对级别，可以将它们分为以下四级：

（1）县级：这类事件的影响范围限定在一个县内，且该县具备足够的能力来控制和应对事件。

(2)地市级：这类事件的影响范围在一个地市之内，地市层面有能力进行控制。

(3)省级：这类事件影响范围较广，虽然在一个省份内，但可能需要省级部门协调更多资源来控制。

(4)国家级：这类事件的影响范围广泛，超出省级范畴，需要国家层面的组织和资源来应对。

3.突发公共卫生事件应急物流预案的内容和存在的问题

突发公共卫生事件应急物流处理涉及多个部门，包括卫健委、交通运输部等，因此预案制定时应侧重于理论基础、原则、组织架构、统一指挥、部门间的协调，以及专家咨询队伍和现场处理团队的组织。

《突发公共卫生事件应急条例》对应急预案的内容提出了7个方面的要求，涵盖组织指挥、监测预警、信息传递、处理技术、工作方案、物资储备和队伍建设。在编制应急物流预案时，这些要求应作为重要的参考。针对不同类型的突发公共卫生事件，应建立具体的实施方案和应急物流预案储备，以做到有备无患。根据不同事件的特点、分类和级别，对应急物资如医疗设备和药品的种类和数量进行科学论证，避免仅凭感觉或经验行事。

应急预案不仅要有技术内容,还要重视配套法规的制定,如关于捐赠的法规。预案中应包含培训计划,并确保人员的理解和执行。

自2003年以来,全国各地纷纷出台了地方性《突发公共卫生事件应急预案》,这表明我国已初步建立了应急预案体系。然而,我们应清醒地认识到,现有预案尚不能完全满足突发公共卫生事件应急物流的需求。存在的问题主要体现在:①缺乏针对地方特色的具体化预案。②实用性、操作性不足。这些问题往往源于预案制定时未针对当地实际情况进行科学分析,而是简单复制上级预案,缺乏对具体工作的指导性。此外,我国应对突发公共卫生事件的体系本身也存在诸多问题,进一步突显了预案的不足和体系的不完善。

4. 突发公共卫生事件应急物流信息系统

突发公共卫生事件应急物流信息系统的主要职责是收集、整理和报告关于传染性疫情、重大食物和职业中毒等公共卫生事件的物流信息,为应急物资的供应、生产、运输和配送提供准确的信息支持,以便做出有效的决策。

在构建突发公共卫生事件应急物流系统时,应遵循系统性、规范性、社会性和经济性原则。

在突发公共卫生事件中,应急物资信息的管理至关重要,因为不了解物资存储位置或供应商信息可能导致救援不力。例如,在医院发生老鼠药中毒事件时,医生可能因为缺乏及时的信息而无法迅速采取正确治疗措施。此外,在"8·4"齐齐哈尔化学毒剂泄漏事件中,急救药品的供应也受到了新闻媒体的直接介入。因此,应急物资信息的管理是一项关键工作。

应急物资信息的储备可以在一定程度上弥补物资和能力储备的不足,是优化应急资源配置和整合资源的有效手段。信息的可复制性使得每个药房都不必单独进行信息储备,而是可以通过几个单位的分工合作来进行定期更新,并通过局域网、互联网、出版物或光盘等方式向全国发布。

突发公共卫生事件应急物流信息系统主要包括以下几个部分:

(1) 突发公共卫生事件预警预报系统。预警方法是一种新型的环境和公共卫生防护方法,可以制定环境政策和环境质量标准,同时考虑到证据的有限性和对环境和人群进行高水平保护的需求。预警系统可以在缺乏确切的因果关系和充分的计量—反应关系证据的情况下,通过调整社会或相关人群的生活行为方式或提前采取控制措施,来实现预防和警示的目的。

我国的公共卫生事件预警机制尚不完善,建立的预警系统应具备以下特征:①法律保障,以保证其在短时间内发挥应有的效应和作用。②可操作性，以检验预警和应急网络体系的实用性。③综合性和公开性，以便形成综合的预防和监控体系，将相关信息及时、准确地告知民众，有利于社会稳定，减少社会动荡。例如，将非典疫情分为"三、二、一"三个等级进行预警，并实施分级控制。

预警后，应采取积极的应对措施。根据灾害可能带来的损失程度，启动不同层次与规模的应急措施，由国家最高领导人直接负责组织协调抗灾工作，调动一切可以调动的应急资源。

（2）建立突发公共卫生事件信息网络平台。信息网络平台是应急物流的基础设施，是应急物流系统高效率、灵活性、可靠性的保证。我国建立了统一的国家公共卫生信息系统平台和重大传染病疫情检测报告、重大食品卫生事件报告、重大职业卫生事件报告、重大环境污染事件报告、放射卫生事件报告等信息系统。

三、突发公共卫生事件应急物流保障机制

为了更有效地预防突发公共卫生事件的发生，并在事件发生后采取积极应对措施，政府及各级政府应致力于做好应急物流管理，建立相应的保障机制，以满足应急物流实施的必要条件，从而使灾情或疫情得到有效控制，使损失降至最低。

（一）技术保障

我国建立了突发公共卫生事件应急决策指挥系统的信息技术平台，负责收集、处理、分析、发布突发公共卫生事件及相关信息，实行分级负责制度。在此过程中，充分利用现有资源建设医疗救治信息网络，实现卫生行政部门、医疗救治机构与疾病预防控制机构之间的信息共享。

（二）物资与经费保障

1. 物资储备

各级政府应建立处理突发公共卫生事件的物资和生产能力储备。在突发公共卫生事件发生时，应根据应急处理工作需要调用储备物资。使用后的卫生应急储备物资应及时补充。

2. 经费保障

应确保突发公共卫生事件应急基础设施项目建设经费，并按规定落实对突发公共卫生事件应急处理专业技术机构的财政补助政策和突发公共卫生事件应急处理的经费。针对边远贫困地区的突发公共卫生事件应急工作，应根据需要提供经费支持。国务院有关部门和地方各级政府应积极通过国际、国内等多渠道筹集资金，用于突发公共卫生事件应急处理工作。

（三）通信与交通保障

各级应急医疗卫生救治队伍应根据实际工作需要，配备相应的通信设备和交通工具，以确保通信和交通顺畅。

（四）法律保障

国务院有关部门应根据突发公共卫生事件应急处理过程中出现的新问题和新情况，加强调查研究，起草和制定应对突发公共卫生事件的法律法规和规章制度，形成科学、完整的突发公共卫生事件应急法律和规章体系。国务院有关部门和地方各级政府及有关部门应严格执行《突发公共卫生事件应急条例》等规定，严格履行职责，实行责任制。对于履行职责不力，造成工作损失的，应追究相关当事人的责任。

四、国外突发公共卫生事件应急机制的经验借鉴

（一）美国突发公共卫生事件应急机制

美国在突发公共卫生事件的预警和应急管理方面处于全球领先地位。美国发生的"9·11"恐怖袭击事件和炭疽攻击促使美国制定出一整套应对突发公共卫生事件的体系。

美国的突发公共卫生事件应对体系分为三个级别，从上到下包括联邦疾病控制与预防系统 CDC（Centers for Disease Control and Prevention）—地区/州医院应急准备系统 HRSA（Health Resources and Services Administration）—地方城市医疗应急系统 MMRS（Metropolitan Medical Response System）。当出现突发公共卫生事件时，指挥系统由 CDC 升级到联邦应急计划，总统有权

根据危机事态的严重程度决定是否需要宣布国家进入"紧急状态",并启动联邦应急计划。HRSA 主要通过提高医院、门诊中心和其他卫生保健合作部门的应急能力,来发展区域应对突发公共卫生事件的能力,其主要负责药物获得、急救、运输、信息传递、隔离检疫、医务人员培训,以及医院系统协调。MMRS 通过地方的各个执行部门,如消防、自然灾害处理、医院等部门,现场救援人员协作,确保城市在一起公共卫生危机最初 48 小时中的有效应对。美国的突发公共卫生事件应急机制,将公共卫生系统与其他系统相互串联起来,因为很多突发公共卫生事件并不只是与公共卫生有关,可能还会影响到能源、环境、电信等各个部门。这对中国的启发是,要了解突发公共卫生事件应对的主要内容,包括公共卫生、突发事件管理、执法、医疗服务和第一现场应对人员等在内的多领域的综合、联动、协作系统。

(二)英国突发公共卫生事件应急机制

英国在国民医疗服务体系的各个层面树立了"病人第一"的全新理念。卫生部设立四个分区战略卫生局和社会保障委员会,分别负责英格兰北部、南部、中部和东部、伦敦四个大区。

英国的突发公共卫生事件应对系统是一个综合体系,包括战略层面和执行层面两个主要部分。战略层面的应对指挥由突发事件计划协作机构 EPCU(Emergency Planning Coordination Unit)负责,而执行层面的突发事件应对由国民健康服务系统 NHS(National Health Service)及其委托机构开展。其中,EPCU 的主要职责是制订、颁布、修改突发公共卫生事件应对计划,从突发事件处理中总结经验教训,并与应对系统中的其他部门协调合作。NHS 的职责是确保地方卫生服务机构能够在突发事件发生时做出快速恰当的反应。基本医疗委托机构 PCTs(Primary Care Trusts)是英国公共卫生应急系统中的核心,其职责是支持 NHS 基础设施和医院建设,并在突发事件应对中与地区公共卫生官员保持联络。

在英国,大多数突发事件都是在地方层面处理的,地方响应是突发事件响应的重点。只有当事件的影响范围和事件本身的影响程度超过了地方范围并超出了地方国民医疗服务体系所能承受的能力,才寻求更高一级的地区或中央政府的协调帮助。

英国各部门之间的关系主要列举。①PCTs:在多部门合作中作为 PCTs 的代表,并协调各 PCTs 之间的行动。②卫生局:连接 NHS,管理地方 NHS 机构,在大规模突发事件中与地方其他应急部门合作。③健康和社会保健理事会:与 NHS 系统协同,开展地区协作。④卫生部医药官员、执行官员:进行跨部门协作,向公众提供建议和相关信息。

英国政府在应对突发公共卫生事件时所采取的措施和政策如下：首先，迅速发布疫情警告。一旦发现有突发公共卫生事件，英国卫生部立即向全体医务人员发布危机警报，介绍该病的特征、传播途径和影响范围，并发出旅行通知，要求民众尽量不要去疫区旅行。保健署针对患者家属、朋友发出通知，要求进行健康检查。医务人员也要向当地传染病控制中心报告疫情。其次，如果是突发性新型传染病则积极查找病因。英国公共卫生实验室服务中心对患者的样品进行检测，并与世界卫生组织合作进行。最后，及时发布疫情通报。在疫情通报中，除了介绍患者本人的情况，通常还详细介绍其感染途径和受感染期间的活动行程，以便对其他有可能与其接触的人进行及时检查。另外，媒体的舆论监督也起到了重要作用。这一点在英国疯牛病、口蹄疫危机中都有体现。需要指出的是，媒体报道虽可普及相关知识，对政府政策措施进行监督，但若引导不当，也会片面夸大，扰乱人心，产生负面作用。

总体来看，英国的应急机制效率较高，在经过疯牛病、口蹄疫等重大疫情之后，已经累积形成了疫情信息渠道和防治模式，对突发公共卫生事件的应对有着很大的推进作用；另外，英国拥有职责分明、比较健全的疫情监测机构，一旦发现传染病苗头，马上可以组织力量进行处理。英国的责任部门拥有着熟练的处理危机经验，成熟的应急机制使得相关部门实际操作起来反应迅速、得心应手。

（三）日本突发公共卫生事件应急机制

日本是世界上人口寿命最长的国家之一。其国民健康水平如此之高，与有一个健全的卫生服务系统密切相关，在该系统中公共卫生管理及监督体系也独具特色。在日本，突发公共卫生事件应急管理体系由主管健康卫生、福利、劳保的厚生劳动省负责建立并以之为核心。

日本拥有完善的国民健康预防保健机制。公共卫生管理与服务体系基本上由二级政府两大系统通过纵向行业系统管理和分地区管理的衔接形成全国突发公共卫生事件应急管理网络。这一系统同时被纳入整个国家的危机管理体系。

在平时，预防工作由全国各都道府县的地方保健所和市町村的保健中心主导。国立传染病研究所感染信息中心进行法定的传染病发生动向跟踪监视调查，每周五前上报上周情况并在网上公开。

面对突发公共卫生事件的危险，日本政府会向国民及有关机构发出紧急通报，通告突发公共卫生事件的信息，同时召开干事会研讨对策。中央主管机构在突发公共卫生事件应急管理中的最主要职责是收集信息并制定和实施应急对策。在日本突发公共卫生应急处理系统中，消防（急救）、警察、医师会、医疗机构协会、通信、铁道、电力、煤气、供水等部门，也按照各自的应急管理实施要领和平时的约定相互配合。

日本历来非常重视预防工作，早在 1947 年的时候就公布实施了《保健所法》，并于 1993 年修订改名为《地域保健法》。预防工作起主导作用的是分布于全国各地的保健所。保健所是日本公共卫生管理的特色，保健所的工作基本上把公共卫生面临的所有的问题都包含了，如一些有关住室、水道、废弃物处理，医事及其药事，保健妇（士）等非常细节的相关事项。在中国，这些事项则是分散在卫生、民政、环境、药品监督、教育 5 个政府部门，涉及医院、传染病院、精神病院、疾病预防控制中心、卫生监督所、妇幼保健所、养老院、环境监测站、药品监督所、学校 10 种单位。

在日本，有些企业对来自感染地区的人员，采取几乎是"隔离审查"式的防范措施。规定从感染地区归国的人员必须独居一室一个星期左右，在确认没有发病之后才可回到公司正式上班；并在一定期间内不得参加大型会议等各种集体活动，不能出现在人多的地方。

日本是一个地震多发国家，因此也有着一套适用于本国的地震防灾应急机制。为了减少地震的灾害损失，政府特别强调先期处置和信息收集，完善紧急启动体制，包括职员召回和职员紧急配备制度。日本的防灾应急体制，主要体现在灾后的 72 小时之内，在这段时间内，日本根据各个不同时间段设立了应急措施。例如，灾后 6 小时内，主要是派遣医疗队救助伤病；灾后 12~24 小时内，主要是转移伤病；灾后 24~48 小时内，主要是供应储备物品，分配捐款和捐物，等等。

第二节 突发自然灾害下的应急物流管理

一、洪水灾害下的应急物流管理

（一）洪水灾害基本知识

人类一直在努力充分利用各种自然资源以提高生活质量。然而，在人类的发展过程中，各类自然和人为灾害的侵袭和损害是不可避免的。统计数据显示，洪水是对人类威胁最大的自然灾害。洪涝灾害也是我国主要的自然灾害之一，面对严峻的灾害形势，政府高度重视针对洪涝灾害的减灾救灾工作。

1.洪水的概念

"洪水"一词最早出现在我国先秦时期的《尚书·尧典》中，书中提到"汤汤洪水方割，荡荡怀山襄陵，浩浩滔天，下民其咨，有能俾乂"。后来，《史记》《国语》和《孟子》的《滕文公上》《滕文公下》等都有关于洪水的记载。"大禹治水"的故事体现了中国人民自古以来就有长期与洪水斗争并渴望获得胜利的心愿。

中华人民共和国成立后，水利和防洪专家对"洪水"的定义作了一个大致的概括，即洪水通常是指由暴雨、急骤融冰化雪、风暴潮等自然因素引起的江河湖海水量迅速增加或水位迅猛上涨的水流现象。

2. 洪水的类型

根据洪水发生的不同区域,可分为河流洪水、湖泊洪水、海岸洪水和山洪等。

根据成因不同,洪水可分为以下 10 种:①雨洪水。在中低纬度地带,洪水多由雨形成。大江大河的流域面积大,且有河网、湖泊和水库的调蓄,不同场次的雨在不同支流所形成的洪峰汇集到干流时,各支流的洪水过程往往相互叠加,形成历时较长、涨落较平缓的洪峰。小河的流域面积和河网的调蓄能力较小,一次雨就形成一次涨落迅猛的洪峰。雨洪水可分为两大类:一是暴洪,暴洪是突如其来的湍流,它沿着河流奔流,摧毁所有事物,具有致命的破坏力。二是缓慢上涨的大洪水。②山洪。山区溪沟,由于地面和河床坡降都较陡,降雨后汇流较快,形成急剧涨落的洪峰。③泥石流。雨引起山坡或岸壁的崩坍,大量泥石连同水流下泻而形成洪水。④融雪洪水。在高纬度严寒地区,冬季积雪较厚,春季气温大幅度升高时,积雪大量融化而形成洪水。⑤冰凌洪水。中高纬度地区内,由较低纬度地区流向较高纬度地区的河流(河段),在冬春季节因上下游封冻期的差异或解冻期差异,可能形成冰塞或冰坝,引起洪水。⑥溃坝洪水。水库失事时,存蓄的大量水体突然泻放,形成下游河段的水流急剧上涨,甚至漫槽成为立波向下游推进的现象。冰川堵塞河道、产生壅水现象,引起突然溃决时,

（二）洪水灾害应急保障物资分类

在洪水灾害中，抢险救灾所涉及的保障物资主要分为以下四类：

（1）防汛物资，包括橡皮船、救生船、救生衣、编织袋和麻袋、块石、沙石料、铁铲、土工布、塑料膜、铁锤等。

（2）生活类物资，包括衣被、毯子、方便食品、饮水器械等。

（3）医疗器械及药品。

（4）建材类物资，包括水泥、钢材等。

为了配合防汛应急预案，应成立应急物流组织机构，以确保应急物流的筹措与采购、应急物资的储备，以及应急物资的调度、运输与配送。

（三）洪水灾害应急物资的筹措

要确保洪水灾害情况下筹措到所需物资，必须建立高效、规范、安全的应急物资筹措渠道。

1. 防汛物资的筹措

防汛物资的主要筹措渠道是动用储备物资。

防汛物资筹集和储备实行"分级负责、分级储备、分级管理"及"按需定额储备、讲究实效、专务专用"的原则，采取国家、省级、地方专储、代储和单位、社会团体筹集相结合的办法。

防汛指挥机构、重点防洪工程管理单位以及受洪水威胁的其他单位应按规范储备防汛抢险物资，并做好生产流程和生产能力储备的有关工作。

汛前要对社会团体储备和群众储备的防汛物资进行督查落实，按品种、数量、地点、责任人、联系电话等进行登记造册，以备汛期随时调度使用。

承担防汛物资储备任务的企事业单位、社会团体以及乡（镇）、村群众，要认真按照防办下达的储备任务落实到位，确保物资完好、管用，报防汛指挥机构备案。防汛物资储备单位要建立主管领导负责制和业务人员岗位责任制，制定出物资紧急调度、供应与运输到位的措施和实施方案。

针对大型抢险设备不足的情况，应与社会上有此设备的单位预先签订协议，以租赁方式租入设备，保证抗洪抢险的需要。

2. 生活类物资的筹措

生活类物资的筹措可以通过动用储备（供应商库存）、直接征用、市场采购、组织捐赠等物资筹措方式来获取。如果应急物资的数量仍不能满足需求，可以组织相应的供应商突击生产。粮食局负责组织粮、油的供应和生产，经贸局负责组织肉、禽、蔬菜和日用工业品的生产、应急调度。

3. 医疗器械及药品的筹措

医疗器械及药品的筹集方式包括动用储备（供应商库存）、直接征用、市场采购等。如果这些方式仍无法满足应急需求，可以动员供应商进行紧急生产，或采取进口采购的措施。医疗器械及药品的筹集由专业医药公司负责组织执行。

4. 建材类物资的筹措

建材类物资是用于应急抢险和灾后重建的关键物资。

这类物资的筹集方式包括动用储备（供应商库存）、直接征用、市场采购、组织捐赠等。如果应急物资的数量仍然不足以满足需求，可以组织供应商进行紧急生产。建材类物资的筹集由专业物资公司负责组织执行。

（四）洪水灾害应急物资的储备管理

救灾物资的储备是紧急救助和灾民安置的基础和保障。1998年7月，民政部和财政部发布了《关于建立中央级救灾物资储备制度的通知》，促使许多省份根据自身情况建立了救灾物资储备中心。

在政府建立专门救灾物资储备的基础上，可以市场化运作，遵循"化整为零、分级代储、保障供给"的原则，整合储备资源。

对于生活类、药品类等对时效性和保存环境要求较高的物资，可以通过经济或行政手段，由生产厂家、供应商及医疗机构代储，以降低成本，确保商品质量。对于防汛物资，可以采取分级就近代储的方式。各相关部门应根据需求储存充足的应急物资，并及时补充和更新常用储存物资。

防汛物资储备一直是防汛准备工作的难点，存在资金投入多、仓储空间大、储存和保管不易等问题。浙江省江山市防汛抗旱指挥部遵循"宁可备而不用，不可用而不备"的原则，采取了"专储、代储和社会化储备"相结合的办法，有效解决了这些问题，值得借鉴。具体做法包括：

（1）专储：由市防汛指挥部专门储备，每年汛前指定市供销社按规定地点、时间、品种、数量、质量要求储备。

（2）代储：与相关企业签订防汛物资储备协议，规定储备时间、物资要求、提取方法、相关责任和费用结算。

（3）社会化储备：除要求乡镇、村储备一定数量的防汛物资外，还采取就地取材的办法，以减少资源浪费。

这些做法确保了防汛物资的有效储备，提高了应急响应的速度和效率。

（五）洪水灾害应急物资运输管理

在洪水灾害发生期间，公安机关、交通运输部门（包括公路、铁路、水路、民航）负责应急运输保障工作，其主要职责是确保防汛抢险人员和防汛救灾物资的优先运输。在蓄滞洪区分洪时，负责调配所需的车辆和船舶，确保群众安全转移；在分泄大洪水时，负责河道航行和渡口的安全；在大洪水期间，负责及时调配抢险和救灾所需的车辆和船舶。

为了高效地配置和使用应急运输资源，建立一个快速、顺畅、协调的应急运输系统，需要建立动态数据库，明确各类交通运输工具的数量、分布、功能和使用状态，并利用 GPS、GIS 等技术对整个运输过程进行监控和调度。

在组织应急物流运输时，应急物流组织机构需要综合考虑运输需求（如人员、物资、抢险装备运输、运输资源（如汽车、火车、船、飞机）的供给、运输设备状况，以及道路状况（如公路、桥梁是否受损）等因素，协调人员、抢险设备和应急物资的运输，合理调度运输力量，提供快速的应急物流保障。

为了实现快速运输，应急物流组织机构可以与大型运输公司或物流公司预先签订协议，紧急时可联系军方，动用军用运输装备和设施。

根据应急处置的需要，开辟便捷的应急"绿色通道"，实施交通管制和应急线路，建立专用通道，简化作业周期，提高运输速度，确保应急物资和抢险救灾人员及时准确到达受灾地区。

当交通运输工具受损时，相关部门或地方政府应迅速组织抢修，必要时动员其他部门和社会交通设施、装备。铁路、公路被洪水淹没或冲垮时，可增援空中或海上救援力量。

在紧急情况下，当地部门应直接向管制部门申请运力，协调民航管制部门，为应急航班预留高度层，同时向上级报告，确保紧急情况下能够迅速调度处置，以高效的应急物流保障，解决补给通道的短缺问题。

（六）洪水灾害应急物资配送管理

洪水灾害期间的应急物资配送是确保灾区用户需求得到满足的关键活动。有效地处理应急物资保障供应链的"最后一公里"问题，是决定应急物流配送体系是否能够充分发挥作用的核心。为此，应急物流配送的重点任务应包括两个方面。

1. 采取灵活的配送方式，科学确定配送需求指标体系

在应急物流配送过程中，应充分利用信息技术，深入分析用户需求的特点，筛选出对配送影响显著的需求指标。然后，基于系统工程原理，科学地为不同指标分配权重，建立一个全面的需求指标体系。在此基础上，根据需求指标的不同，建立三级预警系统，分别对应一般、严重和紧急级别。例如，常规企业的应急需求可归为一般级别。针对不同的预警级别，采取相应的配送策略，以提供有效的配送服务。

在具体实施应急物流配送时，应根据用户的实时需求动态调整配送策略，采取伴随式、跟进式等灵活的配送方式。当启动紧急级别预警时，企

业的经济利益应服从国家的政治利益,采取非常规的配送方式,充分利用先进的运输工具和技术,如空中定点投送等。

整个社会物流配送系统通过提供个性化的应急物流配送服务,确保了物资的及时供应,对于维护社会秩序、保障公共安全以及促进国家经济建设的稳定发展发挥着至关重要的作用。

2. 充分利用电子商务平台,打好应急物流配送"服务牌"

在应急物流配送的环境下,电子商务平台必须强调其配送的响应速度,优化应急物流配送网络,重新设计适应应急情况的流通渠道,以减少物流环节、简化流程,并提升快速反应能力。可以考虑发展一种与配送紧密结合的电子商务模式,即第三方电子商务。这种模式能够整合多个用户和供应商的物流资源,形成较大的流通规模,实现规模经济,为应急物流提供多样化的配送方式。

目前,我国电子商务的主要瓶颈在于缺乏一个有效的社会物流配送系统,以提供低成本、及时、适量的实物配送服务。解决这一瓶颈对于提高应急物流配送的效率至关重要。因此,我们需要根据国内现状,有针对性地推广应急物流配送服务。

应急物流配送应深入分析用户需求,以快速反应为核心,以供应链集成服务为引领,以满足用户需求为目标,预先设计出符合应急需求的服务项目和方式。同时,建立服务考评机制,提升应急物流配送的竞争力。

此外,可以考虑动员地方干部、民兵、赈灾部队、公安、志愿者、防疫人员和医务人员等多方力量,以确保应急物资能够迅速分发到受灾人员手中。

(七)应急款项的筹措与管理

各级人民政府需要确保突发公共事件的资金保障,并逐步建立与经济社会发展水平相适应的应急经费投入机制。

财政部门需将洪水灾害的日常经费、物资、装备、基础设施建设、人员安置以及基本生活困难救助等专项经费纳入年度预算,并每年预留一部分资金,以保障应急处置的支出需求。

二、地震灾害下的应急物流管理

(一)地震及地震灾害概述

1. 地震及地震灾害

地震,又称地动或地震动,是地球内部介质局部发生急剧破裂并产生震波,从而在一定范围内引发地面震动的现象。地震在古代又被称为地动,与海啸、龙卷风、冰冻灾害等一样,是地球上经常发生的一种自然灾害。地震波的源头称为震源,震源在地面上的垂直投影即地面上离震源最近的一点称为震中,它是接受震动最早的部位。震中到震源的深度称为震源深度。

地震灾害可分为直接地震灾害和间接地震灾害。

直接地震灾害是由于强烈地面震动及引发的地面断裂和变形，导致建筑物倒塌和损坏，造成人员伤亡及大量社会物质损失。例如，1976年7月28日的唐山大地震使整个唐山市变成一片废墟，共造成24.2万人死亡，损失达100亿元人民币。

间接地震灾害则包括因强烈地震引发的山体崩塌、滑坡、泥石流；水坝、河堤决口或海啸造成的水灾；震后疫情流行；未熄灭的火源、燃气管道泄漏或电线短路引发的火灾；地震使生产、储存设备或输送管道破坏导致有毒气体蔓延；因避震造成的摔伤、挤压、踩踏等伤亡；以及震后因地震知识缺乏或社会政治因素导致的地震谣言造成较大的社会心理影响等。

由此可见，有时地震带来的严重损失并非完全由地震直接灾害造成，次生灾害的损失有时也非常严重。

2. 地震造成灾害的原因和条件

地震作为一种自然现象，其本身并不直接等同于地震灾害。类似下雨并不直接导致水灾，刮风并不直接引发风灾，地震只有在特定条件下才会造成灾害。

地震波导致的强烈地面震动可能会引起建筑物坍塌或自然物的崩塌，从而威胁人身安全并造成经济损失，这是地震灾害的主要原因。地震是否造成灾害，以及灾害的程度，主要受以下三个因素影响：

首先,地震本身的特性,例如地震的强度。只有较强的地震才具有破坏力。通常,中强度以上的地震可能导致破坏,但破坏的程度还受到震源深度、地震类型、地震发生时间等多种因素的影响。

其次,地震发生的地点。如果一次强烈的地震发生在人迹罕至的高山或沙漠,那么其对人类社会的影响可能微乎其微。一般来说,地震发生的地方人口越密集、经济越发达,造成的人员伤亡和经济损失就越大。事实上,尽管全球地震中有15%发生在大陆内部,但是大陆地区是人类的主要居住地,因此大陆内部地震造成的人口死亡占全球地震死亡人数的85%。

最后,人类应对地震的能力。这包括建筑物的抗震性能,城市水、电、气等生命线工程的抗震设防能力,社会对地震灾害的监测、预报及应急救助能力,以及公众是否具备防震知识等。

3. 地震的类型

地震是一种地球表层震动的现象,它可以由多种原因引起,分为天然地震、人工地震以及其他特殊情况下产生的地震。根据地震的成因,地震可分为以下几种类型:

构造地震,这是由地下深处岩石的破裂和错动导致的,长期积累的能量会急剧释放,以地震波的形式向四周传播,引起地面的震动。构造地震是最常见的地震类型,其发生次数和破坏力都很大,占全球地震的90%以上。

火山地震，这类地震是由火山活动引起的，如岩浆活动或气体爆炸。火山地震主要发生在火山活动区域，约占全球地震的 7%。

塌陷地震，这种地震是由地下岩洞或矿井顶部的塌陷引起的。塌陷地震的规模通常较小，发生次数也较少，通常发生在溶洞较多的石灰岩地区或大规模地下开采的矿区。

诱发地震，这类地震是由人类活动触发的，如水库蓄水、油田注水等。诱发地震仅在特定的水库库区或油田地区发生。

人工地震，这是由人为活动引起的地震，如地下核爆炸、炸药爆破等。人工地震的特点是由人类的活动直接导致地面震动。

4. 地震灾害的基本特点

地震灾害具有突发性、不可预测性，且其发生频率高、持续时间短但破坏力巨大、影响范围广泛，对城市生命线工程破坏严重，并产生次生灾害，对社会影响深远。具体来说，地震灾害具有以下特点：

突发性强。地震发生极为突然，持续时间仅几秒至几十秒，但在这短暂的时间内，可能导致大量建筑物倒塌和人员伤亡，这是其他自然灾害难以相比的。

破坏性大。发生在人口密集和经济发达地区的大地震，往往会导致大量人员伤亡和巨大经济损失。

次生灾害严重。地震发生后，除因建筑物破坏引发的灾害外，还可能引发一系列次生灾害，如火灾、水灾、海啸、山体滑坡、泥石流、毒气泄漏、流行病、放射性污染等。1556年1月23日，陕西省华县发生8级地震，震后水灾、火灾等次生灾害相继发生，瘟疫流行，加之当时正值旱灾，人民饥饿，没有自救和恢复能力，共造成83万余人死亡，使这次地震造成的死亡人数成为古今中外历史记载之最。1906年美国旧金山8.3级地震导致市区消防设施毁损，全市50多处起火，大火整整烧了三天三夜，整个市区几乎全部烧光，火灾损失比地震直接损失高3倍。

社会影响深远。由于大地震突发性强、伤亡惨重、经济损失巨大，往往会引发一系列连锁反应，对一个地区甚至一个国家的社会生活和经济活动造成巨大冲击，因此，其必然会引起社会、政府乃至国际上的高度重视。同时，一次地震的破坏区域虽然有限，但有感范围却很大，波及面广，对人们心理上的影响也比较大。这些都可能造成深远的社会影响。

防御难度大。与洪水、干旱、台风等气象灾害相比，地震灾害的预测要困难得多。同时，建筑物抗震性能的提高，需要大量资金的投入，这也不是短时期能够做到的。要减轻地震灾害，需要各方面的协调和配合，需要全社会长期艰苦细致的工作。因此，与其他一些灾害相比，对地震灾害的防御更困难一些。

5.世界及我国的主要地震带

地震高发区,亦称地震带,指的是全球地震活动高度集中的特定地带。全球主要有三大地震带,均位于板块边缘及交界处,地震活动频繁。

环太平洋地震带,是全球最活跃的地震区域,也被称为"火环带"。该地震带环绕太平洋边缘,从美国阿拉斯加经加拿大、美国加利福尼亚州、墨西哥西部,到南美的哥伦比亚、秘鲁和智利。随后,带状地震活动区域转向西穿越太平洋,经过新西兰东部海域,向北绕过斐济、印度尼西亚、菲律宾、我国的台湾地区、琉球群岛、日本列岛至阿留申群岛,最终回到阿拉斯加。此地震带涵盖了北美洲和亚洲的许多地震构造,全球约80%的地震发生在这里。

欧亚地震带,又称作"地中海—喜马拉雅地震带",它横跨欧亚大陆,从印度尼西亚开始,途经我国云、贵、川、青、藏地区,以及印度、巴基斯坦、尼泊尔、阿富汗、伊朗、土耳其,直至地中海北岸,并延伸至大西洋的亚速尔群岛。此地震带产生全球约15%的地震。

海岭地震带,起始于西伯利亚北岸的勒拿河口,穿越北极至斯匹次卑尔根群岛和冰岛,继续经过大西洋中部的海岭,至印度洋的狭长海岭或海底隆起地带,其中一支线还涉到红海和东非裂谷区。

以上三大地震带的特点是震中分布密集，而带外地震分布相对零散，它们常常与特定的地震构造相伴生。在应急物流领域，了解这些地震带的分布和地震发生的特点，对于制订应急响应计划、优化救援资源配置及提升灾后恢复能力具有重要意义。

中国地处世界两大主要地震带上，即环太平洋地震带和欧亚地震带，地理位置使其承受着极大的地壳应力。由于太平洋板块、印度板块以及菲律宾海板块的相互作用与挤压，导致中国国内地震活动频繁，地震断裂带广泛分布。据统计，20世纪以来，中国记录在案的6级以上地震接近800次，而这些地震波及除贵州、浙江两省和香港特别行政区以外的所有省份、自治区、直辖市和特别行政区。这一现象凸显了中国在地震防范和应急物流准备方面的重要性和紧迫性。作为应对，建立健全的应急物流体系，以保障在地震等自然灾害发生时，能够迅速有效地进行救援和将物资配送至受灾地区，是至关重要的。

我国的地震活动主要分布在五个地区的23条地震带上。这五个地区是：①台湾及其附近海域。②西南地区，主要是西藏、四川西部和云南中西部。③西北地区，主要在甘肃河西走廊、青海、宁夏、天山南北麓。④华北地区，主要在太行山两侧、汾渭河谷、阴山—燕山一带、山东中部和渤海湾。⑤东南沿海的广东、福建等地。我国的台湾位于环太平洋地震带上，西藏、新疆、云南、四川、青海等省区位于喜马拉雅—地中海地震带上，其他省区处于相关的地震带上。中国地震带的分布是确定中国地震重点监视防御区的重要依据。

在我国，地震的发生呈现周期性和重复性的特点，这是地震研究中的一个重要发现。地震活动的周期性意味着地震并非随机发生，而是遵循一定的时间模式。这一周期分为两个主要阶段：一是相对平静的阶段，二是活跃的阶段。

由于我国各地区地质构造活动的不同，地震周期的长度也有所区别。例如，我国东部的地震活动周期一般比西部要长，东部地区的一个地震周期大约为300年，而西部则为100年~200年，我国台湾地区的周期则更短，仅为几十年。通常情况下，板块边缘的地震活动周期较短，而板块内部的地震活动周期则相对较长。

此外，地震周期内还可以进一步细分为更短周期的地震幕，但目前对于是否存在更长的地震周期，由于历史地震记录的时间跨度有限，尚难以确定。

关于地震的重复性，即地震在原地重复发生的概率，研究发现一般情况下，地震的震级越大，其重复发生的时间跨度就越长；相反，震级越小，重复发生的时间就越短。然而，由于不同地区构造活动的强弱不同，即使是同一震级的地震，其重复周期也会有所差异。统计数据显示，6级地震的重复间隔可以从几十年到几百年不等，而7级以上地震的重复间隔通常在千年以上。这些规律对于地震预测和防灾减灾具有重要意义。

（二）地震灾害应急物流管理

1. 地震灾害应急物流概述

地震灾害应急物流是指为地震救援而进行的所有物流活动的总称，包括物资的运输、储存、搬运、包装、加工、配送，以及物流设施与装备的使用、管理和信息处理等。

地震灾害应急物流是一项复杂的系统工程，涉及自然、社会和经济多个方面，需要现代科技的支持，全局性的规划和全社会的协同合作。

地震灾害对人类社会造成了巨大的破坏。我国地域广阔，灾害频发，地震造成了严重的建筑损毁、人员伤亡和交通中断。

在地震发生时，尽管政府积极成立救灾指挥中心，其他地区也提供人力和财力支持，但我国尚未建立完善的大规模灾害救援和安置体系。地震导致的交通和通信中断使得救援物资无法及时送达，影响了救援效率。

地震灾害应急物流的运作具有特殊性，包括组织者的特殊性（通常是政府和各级组织机构）、环境的特殊性（地震的突发性和不可预测性）、供需的特殊性（追求时效而非低成本）和供应链模式的差异性（供应方和需求方的信息不对称，救灾组织者是推动供应链运作的主要动因）。

因此，研究地震灾害应急物流管理，考虑救灾捐赠物资的需求反馈、收集、包装、保管、运输和分发等环节，对于确保救灾物资及时准确地送达灾区，保障救灾效果，具有重要意义。

2. 我国现有地震灾害物流管理体系

地震灾害物流对于地震灾害的救助至关重要，其目标在于提供灾区所需的物资，以实现时间效益最大化并尽可能减少灾害损失。在我国，地震灾害救助系统由政府统一决策，各部门根据决策和职能分工负责并互相配合。以地方政府为主导，按照行政区域统一组织、指挥和调配人力、设备和物资。同时，充分利用我国人民解放军组织严密、机动性强和反应迅速等特点，发挥其在抢险救灾中的主力作用。

我国的救灾物资管理体系中，救灾物资主要来源于中央救灾物资储备库和未受灾地区的社会捐赠。救灾物资的收集、运输和发放主要依赖于各级政府。这一体系旨在确保救灾物资能够高效、有序地投入地震灾害的救助工作中。

（1）我国地震灾害救灾物流存在的问题

以"5·12"汶川大地震为例，我国地震灾害救灾物资存在以下四个问题：

①应急物资数量不足：在自然灾害面前，由于缺乏必要的思想和物质准备，震后急需的物资明显不足。仅在地震后的两天内，民政部调拨的救灾帐篷就被全部用完。尽管中央级紧急物资储备库的物资已被调空，但仍无法满足灾民的安置需求。此外，救灾物资运距过远，运输时间长，影响了救灾工作的时效。

②应急物资种类不足：我国目前的应急生活必需品储备有糖、肉类、粮食、食用油等，但灾后防疫用品、医疗器械、救生器械不足，如医疗卫生应急所需的药品、麻醉剂、抗生素等药品和医疗器材物资匮乏，以及水、妇女儿童用品、衣物等生活必需品缺乏。此外，一些救生器具也极缺，照明器具等物资尚无储备。

③中央物资储备库存在问题：储备物资种类少、数量少，许多地区没有建立应急生活必需品储备库，或者储备品种非常有限。救灾物资储备远远不能满足灾害性地震事件应急工作的需要。

④现有救灾物资供应体系的缺陷：多部门管理导致救灾物资需求信息传递速度慢、物资供应调度困难、救灾物资运输车辆需求大、救灾保障成本高。应急救灾资源的管理低效，缺少对资源配置绩效的评价和管理标准。资源流动停滞，不能实现资源的有效整合，极易造成救灾物资种类和时间上的失衡。

⑤运送受阻，信息不畅：抗震救灾难度大，物流不通畅。灾害造成四川全省多条高速公路、干线和农村公路受损，道路和通信中断。救灾部队驻地分散，市场瘫痪，道路时断时续，联络不畅。信息不流畅，通信中断后外界不能深入了解灾区状况，导致物资准备不充分。

（2）我国地震灾害救灾物流问题的对策

针对我国地震灾害情况，其救灾应急物流管理可从地震灾害应急物流组织、地震灾害应急物流预案、地震灾害应急物资管理、地震灾害应急物流信息系统四个方面进行。其中地震灾害应急物资管理将在下节中单独讲述。

①地震灾害应急物流组织

在地震灾害紧急救援过程中，组织工作应被视为首要任务。一个完善、高效、强有力的组织机构能在破坏性地震发生后立即承担起救灾的领导指挥责任，并迅速组织全社会的人力和物力对灾区进行全面营救。

目前，国务院设立了抗震救灾指挥部，各省（自治区、直辖市）也设立了相应的部门。在地震危险区或重点防御区，各地（市或州）、县（市、区或旗）人民政府除设立防震减灾主管部门外，还根据《破坏性地震应急条例》的要求，赋予了这些主管部门指导监督本区域内地震应急工作的权力。各级地震主管部门针对本地区的具体情况,结合实际编制了各自的《破坏性地震应急条例》。有了这样完善的地震应急救灾组织体系,在未来的破坏性地震发生时,将能在减轻人员伤亡和避免财产损失方面发挥巨大作用。

地震灾害事件分级及组织:根据《国家地震应急预案》,地震灾害分为4级,即一般地震灾害、较大地震灾害、重大地震灾害、特别重大地震灾害。应对不同级别的地震灾害,采取不同的组织指挥措施。一般地震灾害在灾区所在省(区、市)人民政府的领导和支持下,由灾区所在市(地、州、盟)人民政府领导灾区的地震应急工作;中国地震局组织、协调国家地震应急工作。重大地震灾害由灾区所在省(区、市)人民政府领导灾区的地震应急工作,中国地震局在国务院领导下,组织、协调国家地震应急工作。特别重大地震灾害由灾区所在省(区、市)人民政府领导灾区的地震应急工作;国务院抗震救灾指挥部统一领导、指挥和协调国家地震应急工作。

组织指挥体系:地震灾害救灾应急组织指挥机构一般为灾情发生地所在省(自治区、直辖市)地震局,负责抗震救灾指挥部办公室的日常事务、地震灾情速报、地震灾害调查与损失评估工作、地震灾害紧急救援工作。若发生特别重大地震灾害,经国务院批准,由国务院防震减灾工作联席会议转为国务院抗震救灾指挥部统一领导、指挥和协调地震应急与救灾工作。国务院抗震救灾指挥部办公室设在中国地震局。

我国地震灾害紧急救援队伍的组建情况：为了增强我国应对地震灾害的能力并减小地震影响，我国于2001年4月27日宣布组建了第一支"地震灾害紧急救援队"。救援队伍具备地震专业知识，熟悉地震救灾业务，并全面配备了专业化的人力资源。他们类似于战争时期的快速反应部队，对突然发生的破坏性地震灾害事件具有更强大的救助能力。

地震灾害救援队伍需要具备强大的机动能力和突击救援能力。由于震后灾区设备物资多被压埋或破坏，紧急救援急需大量药品、器材和其他物资。在建筑倒塌后，仅依靠一般的手工工具难以挖掘救援，救援者必须具备大量专业救援物资和设备，并具备特殊的机动能力和突击救援能力。灾区破坏严重，水、电、食品、住宿和药品等资源匮乏，生活保障条件极为艰苦。救灾队伍必须具备良好的自我生存能力和后勤保障能力，否则自身难保，无从救治。例如，在过去的地震中，有的医疗队只派人而未携带药品器材和生活物品；有的所携带的医疗用品在不到1天的时间内就用完，后续物资第3天才开始批量送达，对救治伤员产生较大影响。1998年河北张北地震发生时天气严寒，许多医疗队成员因自身没有防寒准备而病倒。

在中国历次强烈地震灾害紧急救援中，人民解放军一直是最主要的人力资源。1976年河北唐山地震时，数千名解放军官兵急行军赶赴灾区；2008年汶川大地震时，上万名解放军指战员日夜奋战于抢救现场。人民解放军在这些救援行动中发挥了巨大作用，拯救了成千上万灾民的性命。在世界各国应对强烈地震灾难的过程中，军队通常会被动用以应对急需。

军队集体具备灵活、机动、敏捷、快速等特点，这使其成为抢险救灾（包括地震救灾）的一支主力军。然而，军队的主要功能并非抢险救灾，因此其在装备和效能等方面，必然存在一定缺陷。

②地震灾害应急物流预案

自1976年唐山大地震以来，特别是20世纪末以来，中国地震局对国内外多次地震救灾经验教训进行了深入研究，提出将"地震应急"作为防震救灾工作的四个环节之一，并强调制定地震应急预案是应急准备的核心内容。在多次临震应急和震后应急工作中，不少预案的实施取得了减小地震灾害损失的实效。

《中华人民共和国防震减灾法》规定了破坏性地震应急预案必须具备的主要内容，包括应急机构的组成和职责，应急通信保障，抢险救援人员的组织，资金、物资的准备，应急、救助装备的准备，灾害评估准备和应急行动方案等。预案中要规定物资支援，包括应急物资的种类、供应、储备、包装、交通运输、配送、发放，以及应急物流的信息、通信、建设管理所需设备、装备等紧急支援职能，根据政府机构拥有的职权、资源或与完成具体的紧急支援职能有关的技术专长来确定主要负责机构和支援机构。通过制定预案、形成机制，使政府各有关机构对地震灾害立即自动地做出反应，根据预案中所明确的任务，竭尽全力地履行本部门的职能，自动、及时地对灾区给予紧急支援，拯救生命，减轻人们的痛苦，保护财产，而不必等待具体任务下达后再采取行动。

地震灾害应急物流预案应具有科学性、可操作性和体系性。在防震减灾工作中，震前抓好地震应急预案的制定具有重要意义和实际价值。通过制定地震应急预案，各级政府可充分发挥其在减轻地震灾害中的主导作用，使本地区的经济建设能够顺利地进行。临震和震后应急的成功与否，取决于地震应急预案是否具有科学性和可操作性。

③地震灾害应急物流信息系统

当前，我国在地震灾害应急措施方面已经取得一定成果，但在应急反应和快速处置能力方面仍有待提升。这主要受经济条件制约，部分地区的灾害信息报告体系不够健全，无法满足灾害应急管理对信息及时性和准确性的要求。预警系统、网络平台、跟踪系统是信息保证的三个重要部分，需要进一步优化。

建立地震灾害预警系统。中国是地震灾害最严重的国家之一。地震的发生会给人们带来巨大灾难。因此，地震前的预测预报工作至关重要。我国已经在大城市建立了地震观测站，运用科学仪器预测地震，但还需普及地震知识，如井水突然变浑浊、起泡、变味，大量动物行为异常（冬眠动物突然出洞、水生动物突然翻腾跳跃）等，这些可能是地震发生的前兆。预警系统需要在搜集、分析大量灾害信息的基础上，对险情进行预测，一旦出现危害，通过警报系统进行预警，并尽可能将问题扼杀在萌芽状态。

建立地震灾害信息网络平台。地震灾害信息网络平台是应急物流的基础设施，是地震救灾物流的基本平台，是应急物流系统高效率、灵活性、可靠性的保证。地区救灾中心通过该套网络平台与辖区的各个运输部门、专用救灾库、普通库进行连接，以便各专项物资管理部门了解各个物流公司的设备情况、人员情况、运营情况、运输能力、库房容量、主要业务等，从而能在应急情况下根据各物流企业的特点，合理安排救灾物资的筹集、采购、流通、配送等各项工作。

地震灾害网络平台应着重构筑救灾储备网络体系，完善救灾应急资金和物资的紧急拨付机制。在全国范围内建立救援装备和物资的储备网络，制定全国救灾物资储备规划，国家和省级救灾物资可以由规划中的市（州）、县救灾仓库代储、保管，方便调用。同时，县自身也要配备必要的救灾物资。建立紧急采购救灾物资的工作程序，提前与提供主要救灾资源的供应商签订采购合同，确保灾害发生后供应商可以迅速提供救灾物资。各级财政必须预算相应的救灾应急资金，一旦发生突发灾害，首先动用本级救灾应急资金。应完善申请、拨付应急资金和物资的紧急拨付办法，尽量缩短行政审批环节的时间，确保资金和物资及时拨付到位。

（三）地震灾害应急物资管理

"救灾"在灾情发生时主要包括抢救人员和财产、抗击灾害，这需要从灾区撤离人员和财产，同时从非灾区调集救援人员和救灾物资（如冲锋艇、食品、衣物、帐篷等）。在短时间内，大量的人员、物资需要大范围流动，大量的资金流和信息流也同时形成。

地震灾害救灾物资主要包括地震灾害发生后，民政部门组织的各类救灾物资，国内外社会各界组织、单位、个人通过民政部门无偿向灾区捐赠的各类救灾物资，以及政府统一组织的经常性捐赠的各类物资。

1. 我国救灾储备中心情况

在地震等突发事件发生后，除当地政府紧急救援，中央政府也会提供必要的补助和支援。为应对突发自然灾害救灾应急物资的需求，我国已建立救灾储备中心，其主要功能是在社会捐赠物资未到达前担负紧急救灾职责，以确保灾区在24小时内获得食品、衣被、帐篷等生活必需品。

1998年，民政部、财政部发出《关于建立中央级救灾物资储备制度的通知》，规定了每个代储点的地理位置及储备物资的种类，构建了8个中央级救灾储备物资代储单位（民政部救灾物资储备库）。2003年，在原有基础上重新调整布局，扩充合肥、哈尔滨等地共计10个中央级救灾储备物资代储单位。经过6年建设，已设立了位于天津、沈阳、哈尔滨、合肥、郑州、武汉、长沙、南宁、成都和西安的10个中央级救灾储备物资代储单位（民政部救灾物资储备库）。中央先后采购价值10多亿元的物资储备存放在这些储备库中。

然而，我国应急救援物资储备起步较晚，仓储规模尚小，储藏物资品种和数量有限。救灾物资储备库主要集中在我国东部，西部地区的西安库规模较小，储备物资也较少。而我国西部地区地震活动较为频繁，救灾物资储备远不能满足灾害性地震事件应急工作的需求。例如，2003年新疆、甘肃发生地震后，中央不得不从长沙、武汉、郑州和天津仓库调运帐篷。由于从地震发生到救灾帐篷的调入一般都需要4天以上的时间，这显然影响了救灾效果。

在10个中央级救灾物资仓库中，只有天津库和郑州库规模较大，仓储面积1万余平方米。武汉库和西安库为租借仓库。由于库建设未得到中央资金支持，基本由地方自筹解决，受资金量限制，仓库容量及标准均不高，仓库建设及配套设施均不完善。

2. 地震救灾物资管理存在的问题

目前，我国救灾物资的管理模式为多部门负责制：生活类救灾物资如衣被、帐篷等由民政部门负责，而药品、车辆、粮食等其他救灾抢险物资则分别由卫生、交通和粮食部门负责。这种分散管理、分散储备的直接后果是导致救灾过程中救灾物资需求信息传递速度慢、物资供应调度困难、救灾物资运输车辆需求大，以及救灾保障成本高。震后灾区的设备物资多被压埋或破坏，震后紧急救援急需大批药品、器材和其他物资。

我国救灾物资捐赠基本属于应急捐赠，只有在灾害发生时，通过政府号召，组织社会团体和民众捐赠。由于救灾信息不够畅通、捐赠组织繁多等原因，除政府储备救灾物资外，社会捐助物资很容易出现种类、时间上的供需失衡。例如，在震后早期，急需大量急救物资，但常常不能及时送达。到震后中、后期，灾区物资达到饱和后，救援物资仍源源不断地运来，常发生救灾物资过剩和品种调配不当等现象，积压、浪费等现象时有发生。因此，应根据实际需要进行物资储备，并在震后及时供给。同时，必须制定有效的管理和调控措施，防止出现地震救援真空或物资供应过剩的现象。

3. 地震灾害救灾物资的运输

在地震救灾物资筹备完成后，我们需要合理规划运输线路，以确保及时将救灾物资送达灾区。

首先,救灾货物的调运地点和线路规划应由地震救灾指挥中心统筹安排、合理布局。例如,2003年新疆伽师—巴楚地区发生6.8级地震时,救灾物资是从武汉和郑州的中央库调运的,而没有启用离震中更近的中央库。这样的调运方式会增加至少一天的运输时间,也会增加运输成本和压力,加重灾民的痛苦。

在规划线路时,应考虑全国和受灾地运输规划的不同。物资从全国运往灾区的交通路线未受灾害影响,与日常运输规划相同;而受灾地区的物资运输和分发需摒弃过去的交通规划,根据受灾后的地貌特征重新规划运输线路。

规划好运输线路后,我们需要合理安排运输力量。可以采用对陆、海、空运力征用的办法,由国家给予相应的补偿。

合理安排运输货物也很重要。货物运输需分急需运输和网络修复。

急需运输包括人员运送和救灾物资运输。人员运送是第一时间对灾民进行转移安置和运送病员入院治疗,需要考虑的物流问题包括转移地点选择、就近医院选择和转移车辆提供。救灾物资运输涉及医药用品保障,生活必需品如帐篷、饮用水及食品等急需物资的提前抵达,一些急需物资可通过空运运往受灾地区。

灾民安顿后，我们需要修复交通运输网络，主要是航道、铁路及公路网络的修复。只有交通网络的快速恢复，才能推动救灾工作的进行。基本设施的恢复重建需要，这要求大量原材料（如钢材、建材）的运输，可由具有货运能力的低成本运输方式完成，如水运和铁路运输等。

4. 地震灾害救灾物资的发放

地震救灾和捐赠物资的分配方案由民政部门制定，报请政府批准后实施。分配过程中需遵循"先急后缓，突出重点"的原则，统筹安排，合理使用。在发放救灾捐赠款物时，应坚持民主评议、登记造册、张榜公布、公开发放等程序，确保账目清晰、手续完备、制度健全，并向社会公布。救灾物资需按规定用途专项使用，平均发放，不得优亲厚友；任何组织和个人不得截留、平调或改变其用途。

救灾物资发放点可设置在有大型空地的广场、学校或体育场，并将难民居住活动场所和救灾物资存放点隔离。救灾物资发放点应规划出合适的救灾物资领取进出通道，避免救灾物资发放混乱。在地震救灾紧急期，救灾物资的发放以政府组织为主。而到了中后期，可以借鉴国外和企业物流运作经验，委托专业社会团体或第三方物流企业开展。要根据物资供应和灾民实际需要，分级分类进行物资的合理发放，提高救灾物资的发放效率，满足灾民需求、提高救灾效率,同时有效避免救灾物资发放过程中的人为不公及腐败现象,减轻政府负担,使政府更早地将工作重点转向生产恢复和生活重建的组织管理上。

(四)地震灾害应急物流的发展方向

1. 运用陆、海、空运输装备,实施立体救助

在地震灾害应急物资的物流工程中,采集、包装、运输、储存等环节的技术内涵和外延都应得到延伸。从单一平面式保障方式扩展到陆、海、空三维空间保障方式。过去,国内灾害救助中空运较少,这给偏远地区的灾害救助带来困难。

2. 运用高新技术物流装备,提高快速救助能力

现代救援物流新技术应逐步向物流自动化技术、可视化技术、信息化技术方向发展,它们之间既相互依赖,又相互支持,更相互融合,并科学、高效地运用于物流系统的各个环节。例如,在救灾应急物资的储存、分拣环节,物流技术主要趋向于自动化;在救灾应急物资的调度、运输环节,物流技术则趋向于可视化;在救灾应急物资的监控、管理环节,物流技术则趋向于信息化。具体来说,现代救灾物流新技术的运用主要表现在四个方面:一是运用条形码技术、射频卡、手持单元等识别技术,对补给

物资进行识别与分类。二是运用全球定位技术和全球移动通信系统（Global System for Mobile Communications，简称 GSM）无线传输等技术对运载物资进行可视化和管理。三是运用计算机网络技术、卫星通信等技术对所有救灾物资进行实时指挥与监控。四是运用自动化库房等技术，大力提高储存的安全性能并完善物资储存条件。

参考文献

[1] 黄定政.应急物流教程 [M].北京：中国财富出版社，2018.

[2] 赵明.城市应急物流设施选址 [M].北京：北京邮电大学出版社，2020.

[3] 王海燕.应急物流供应链研究 [M].武汉：武汉理工大学出版社，2020.

[4] 刘利军.应急物流 [M].北京：中国财富出版社，2015.

[5] 姜旭.物流空间学 [M].北京：北京首都经济贸易大学出版社，2022.

[6] 雷杰，万志鹏，师路路.物联网环境下应急物流管理体系与信息系统构建研究 [M].北京：中国原子能出版传媒有限公司，2021.

[7] 魏学将，王猛，张庆英.智慧物流概论 [M].北京:机械工业出版社，2020.

[8] 王丰，姜玉宏，王进.应急物流 [M].北京：中国物资出版社，2007.

[9] 王伟，黄莉.应急物流网络可靠性诊断与优化研究[M].南京：河海大学出版社，2018.

[10] 汪传旭.应急物流系统决策方法[M].上海：华东理工大学出版社，2014.

[11] 尤西·谢菲.大物流时代：物流集群如何推动经济增长[M].北京：机械工业出版社，2019.

[12] 刘长石，罗亮.震后应急物流系统中的定位—路径问题（LRP）研究[M].西安：西安交通大学出版社，2017.

[13] 王喜富，崔忠付.智慧物流与供应链信息平台[M].北京：中国财富出版社，2019.

[14] 吴晓志，魏来.突发事件下供应链应急管理研究[M].青岛：中国海洋大学出版社，2023.

[15] 魏际刚.迈向物流强国：中国物流业中长期发展战略[M].北京：中国发展出版社，2017.

[16] 牟晓娜，林华.物流管理[M].上海：上海财经大学出版社，2013.

[17] 计国君，蔡远游.物流管理[M].厦门：厦门大学出版社，2012.

[18] 王雷，赵秋红，王欣.应急管理技术与方法[M].北京：北京航空航天大学出版社，2016.

[19] 林慧丹，高更君，王浩宇.化工物流运输管理[M].上海：上海财

经大学出版社，2015.

[20] 冯春，张怡. 人道物流：理论与方法 [M]. 成都：西南交通大学出版社，2015.

[21] 中国医院协会，上海申康医院发展中心，同济大学复杂工程管理研究院. 突发事件应急临时医疗用房建设指南 [M]. 上海：同济大学出版社，2020.

[22] 李欣. 航空投送转运物流系统集成应用研究 [M]. 北京：中国财富出版社，2018.

[23] 付旭东. 金融物流 [M]. 北京：新世界出版社，2013.

[24] 邓亦涛. 物流设施与设备 [M]. 北京：中国传媒大学出版社，2011.

[25] 王琦峰. "互联网+"背景下物流服务价值共创与服务创新研究 [M]. 杭州：浙江大学出版社，2017.

[26] 汪传雷. 物流案例教程 [M]. 合肥：安徽大学出版社，2009.

[27] 钱七虎，郭东军. 地下仓储物流设施规划与教材 [M]. 上海：同济大学出版社，2015.

[28] 郝皓，史毅平. 化工物流服务运管理 [M]. 上海：上海财经大学出版社，2013.

[29] 李爱华，高泉，邹晓美. 物流法规体系建设研究 [M]. 北京：中国政法大学出版社，2013.

[30] 王之泰. 新现代物流学 [M]. 3版. 北京: 首都经济贸易大学出版社, 2012.

[31] 孙家庆, 唐丽敏. 物流战略方案设计 [M]. 沈阳: 东北财经大学出版社, 2008.

[32] 孙彦东. 物流商品的养护技术 [M]. 北京: 知识产权出版社, 2006.